Schach richtig analysieren

Training
mit
ALEXANDER KOBLENZ

SPORTVERLAG BERLIN

Die Deutsche Bibliothek — CIP-Einheitsaufnahme

Koblenc, Aleksandr N.:
Schach richtig analysieren: Training mit Alexander Koblenz.-
1. Aufl. — Berlin: Sport-Verl., 1993
  ISBN 3-328-00532-3

ISBN 3-328-00532-3
© Sport und Gesundheit Verlag GmbH 1993
Erste Auflage
Einbandgestaltung: Theodor Bayer-Eynck
Einbandfoto: Images/BAVARIA
Satz: Halberstädter Druckhaus GmbH, 38820 Halberstadt
Druck und Bindung: Wiener Verlag, Himberg bei Wien
Gedruckt auf Papier mit chlorfrei gebleichtem Zellstoff

INHALT

VORWORT

Die Neuerscheinungen in der Serie „Training mit Alexander Koblenz" unterscheiden sich von meinen früher verfaßten „dickleibigen" Arbeiten in folgendem: damals glaubte ich meine Pflicht vollauf zu erfüllen, indem ich die Gesetzmäßigkeiten des Schachspiels dem Leser – fein „vorpräpariert" – dargelegt hatte. Dabei wurde es ihm überlassen, aus dem gelesenen praktischen Nutzen zu ziehen.

In meinem neuesten Bändchen stelle ich mir nun das Ziel, nicht nur aktuelle Probleme der Theorie zu streifen, sondern gewissermaßen mit Ihnen Hand in Hand zu arbeiten, um Ihnen durch dieses vertrauensvolle Verhältnis den Weg schachlicher Vervollkommnung ebnen zu helfen.

Das Grundthema dieser Arbeit ist „Die Kunst der Analyse". Anhand der vielen Tests werden Sie sich überzeugen können, daß die Fähigkeiten einer richtigen Einschätzung und vorbildlichen Analyse das Rückgrat der wahren Meisterstärke sind.

Was den Kern des Lernprozesses anbelangt, muß in Betracht gezogen werden, daß wir bestrebt sind gewissermaßen alles aufzusaugen, was nützlich für unser eigenes schöpferisches Potential sein könnte. Klar, daß auf diese Art und Weise unser kreatives Denken stimuliert wird. Wir sollten aber in unserem Gedächtnis nur das Wesentliche einprägen. Gerade deshalb ist es für mich als Trainer am aufregendsten, das Material für unsere Trainingsstunde zusammenzustellen.

Dabei wird mir oft, ungeachtet meiner langjährigen Praxis, die Wahl zur Qual. Es geht mir ja nicht nur um das rein schachliche Material, sondern ich will gleichzeitig Antworten auf die an mich selbst gestellten Fragen erhalten:

■ a) Wird das Nachspielen der Beispiele und das schöpferische Lösen der vielseitigen Tests meinem pragmatisch eingestellten Schützling in seiner Praxis wirklich von Nutzen sein?

■ b) Werden sich seine analytischen Fähigkeiten entwickeln (Rechentechnik, Vorstellungsgabe)?

■ c) Werde ich sein tiefes und objektives Einschätzungsvermögen fördern?

■ d) Wird die Aneignung wichtiger strategischer und taktischer Ideen seine Spielstärke verbessern helfen?

■ e) Trägt das Training mit mir zur allgemeinen Erweiterung seines schöpferischen Horizontes bei?

Ebenso denke ich daran, auf welche Weise die Aufnahmefähigkeit meines Schützlings zu stimulieren ist. Sicher, viel hängt hier von der individuellen Aufnahmefähigkeit meines Schülers ab. Manche erfassen den neuen Stoff leicht und schnell, andere brauchen eine gewisse Zeit, ehe es ihnen gelingt, das aufgesogene Wissen fest anzueignen. Letztere können aber diesem Nachteil entgegentreten, indem sie den neuen Stoff mehrmals aufmerksam wiederholen.

In jedem Fall aber sollten Sie ein Optimist und fest davon überzeugt sein, daß Sie über große, ungenutzte Reserven verfügen, die wir in unserem gemeinsamen Training erschließen werden.

Viel hängt selbstverständlich vom Grad Ihrer Motivation, Ihrem Wissensdrang, Ihrem seelischen Kammerton während des Trainingsprozesses ab. Ideal wäre es, wenn Sie während unserer Zusammenarbeit unentwegt ein gewisses Gefühl der inneren Freude haben, begleitet vom Grundgedanken, daß unser gemeinsames Training das Anwachsen Ihrer Kraft, Ihrer schöpferischen Reife bedeutet.

■ Vom Standpunkt des Pragmatismus habe ich feststellen können, daß den Erfolg zwei hauptsächliche Faktoren bestimmen: die Fähigkeit, die tatsächlichen günstigen individuellen Eigenschaften maximal auszunutzen und gleichzeitig die eigenen negativen zu neutralisieren.

Sehen Sie, auf dem Wege der Vervollkommnung muß man rein schachliche und persönliche Hindernisse überwinden. Die Praxis hat mich jedoch überzeugt, daß wir vieles unterlassen, um die hindernden Steine aus dem Weg zu räumen. Oder wir wissen nicht, was wir zur Beseitigung der negativen Umstände unternehmen müßten, oder umgekehrt – es fehlt uns die innere Kraft, die uns hemmenden Faktoren in den Griff zu bekommen. Es hört sich sicher paradox an, aber oft ist das größte Hindernis für den Schachaufsteiger auf dem Weg zum angepeilten Ziel – er selbst.

Es würde zu weit von unserem Thema wegführen, mehr darüber zu sprechen. Ich möchte jedoch Ihre Aufmerksamkeit auf Fähigkeiten lenken, die typisch für die führenden russischen Großmeister mit Michail Botwinnik an der Spitze waren, nämlich die Eigenschaften der Selbstkontrolle und der Selbsterziehung. Verhalf dies ihnen nicht, die Geschehnisse auf dem Brett objektiv und selbstkritisch zu erkennen, den eigenen Charakter zu stählen, ihr schachliches Glück bewußt zu schmieden?

Ich erlaube mir immerdar, meine Schüler an das Credo des berühmten Pädagogen Makarenko zu erinnern: „Meister kann jeder werden, falls man ihm hilft, und er selbst bereit ist zu arbeiten."

Ganz zum Schluß möchte ich noch ein Quentchen didaktischen Rates hinzufügen – es kommt nicht allein auf die Menge des Trainings an, wohl aber auf dessen Güte …

Vielleicht hört sich alles schrecklich kompliziert an, aber es ist nicht so schlimm – wir Trainer bauen fest auf die unerschöpflichen geistigen Reserven des Menschen.

So, mein sehr geehrter Schach-Aufsteiger, ich möchte hoffen, daß meine Überlegungen Sie nicht besonders ermüdet haben, aber mir ging es darum, Ihnen einen kleinen Einblick in meine innere Gedankenwelt zu gestatten. Jetzt haben Sie eine gewisse Vorstellung von meinem Trainerherz erhalten, und es sollte Ihnen nunmehr die Entscheidung leichtfallen, ob Sie sich meiner Obhut anvertrauen wollen oder nicht. Wie dem auch sei, ich erlaube mir, Ihnen viel Erfolg und Schaffensfreude zu wünschen.

Berlin/Riga, im März 1993
Alexander Koblenz

ERSTE TRAININGSSTUNDE

Ehe wir unsere Trainingsarbeit aufnehmen, möchte ich Ihnen etliche nützliche Tips geben. Vorerst was das Nachspielen einer Partie anbelangt.

■ Versuchen Sie festzustellen, welche Ideen Sie am meisten beeindruckt haben!

■ Merken Sie sich die typischen Vorgänge!

■ Fragen Sie sich, inwiefern das Beispiel Ihren schöpferischen Gesichtskreis erweitert hat! Es hieße Eulen nach Athen tragen, auf die große Bedeutung des Wissens hinzuweisen, jedoch Wissen macht nicht nur stark, wie das russische Sprichwort lautet, sondern ohne Wissen kann keine Assoziation in unserem Hirn aufkeimen, kein Denkprozeß seinen Anfang nehmen.

■ Im Laufe unserer Trainingsstunden werden Sie genügend Gelegenheit haben, Ihre Fähigkeiten der Positionseinschätzung und der Analyse zu entwickeln. Gleichzeitig müssen Sie aber selbst aktiv mithelfen, das aufgesogene Wissen Ihrem Gedächtnis einzuverleiben! Wie soll das am besten geschehen? Verschonen Sie Ihr feinstes, supergeniales Organ Ihres Körpers – das Hirn – vor allem mit unnützem Ballast!

■ Beim Lösen jedweder Testaufgabe, schreiben Sie vorher auf einem Papier Ihre Lösung auf und vergleichen Sie nachher, inwiefern Ihr vorgeschlagener Zug richtig ist. Übereilen Sie dabei nichts und fällen Sie keine hektischen Entscheidungen! Sie müssen auch nicht alle Tests auf einen Hieb lösen. Gönnen Sie sich Ruhepausen, und lösen Sie die Aufgaben auch abschnittsweise. Kontrollieren Sie sich selbst (was allerdings keine leichte Aufgabe ist), ob Sie genügend aufmerksam und konzentriert schürfen, vermeiden Sie aber in jedem Fall geistige Überanstrengungen! Falls Sie beim Lösen fehlgreifen, fassen Sie es nicht als unverbesserliche Tragödie auf – ist nicht aller Anfang schwer? Manchmal ist es ganz einfach meine Schuld, daß sich eine zu harte Nuß eingeschlichen hat. Bauen Sie jedoch von vornherein alle negativen Einflüsse wie Minderwertigkeitskomplexe, Unsicherheit, Angstgefühl ab! Glauben Sie fest an Ihre Sternstunde! Ich denke, daß dafür ausschlaggebend ist, ob Sie regulär trainieren werden, und ich bin sicher, daß Sie mit der Zeit auch größere Belastungen werden auf sich nehmen wollen und können.

Tests zur ersten Partie

Die vorliegenden Tests gehören zu einer Partie mit schnellem Übergang aus der Eröffnung ins Endspiel. Übrigens, mit der Möglichkeit der Vereinfachung und Übergang in ein günstiges oder ungünstiges Endspiel muß man immer rechnen.
☐ Weiß ist jeweils am Zuge!

Aufgabe 1:

a) **Weiß:** ♔g1, ♕c2, ♖a1, ♖f1, ♗c7, ♗d3, ♘f3, ♙a2, b2, d4, f2, g2, h2 (13)
   Schwarz: ♔g8, ♕e7, ♖a8, f8, ♗c8, ♗f6, ♘b6, ♙a7, b7, e6, f7, g6, h7 (13)
   ☐ 14.?

b) **Weiß:** ♔g1, ♕c2, ♖a1, f1, ♗c7, ♘f3, ♙a2, b2, d4, f2, g2, h2 (12)
   Schwarz: ♔g8, ♕e7, ♖f8, ♖a8, ♗f6, ♗c8, ♙a7, b7, d5, f7, g6, h7 (12)
   ☐ 16.?

c) **Weiß:** ♔g1, ♖c1, ♖a1, ♘e5, ♙a3, b2, f2, g2, h2 (9)
   Schwarz: ♔g8, ♖a8, ♖c8, ♗f5, ♙b7, b6, d5, f7, g6, h7 (10)
   ☐ 23.?

d) **Weiß:** ♔e3, ♖c1, ♖a1, ♘d3, ♙a3, b2, d4, f3, g4, h3 (10)
   Schwarz: ♔d6, ♖a8, ♖c8, ♗e6, ♙b7, b6, d5, f6, g5, h7 (10)
   ☐ 29.?

Aufgabe 2:

Weiß: ♔b4, ♖h6, ♘f5, ♙a4, b2, d4, f3, g4 (8)
Schwarz: ♔c7, ♖f7, ♗e6, ♙b7, b6, d5, f6, g5 (8)
☐ 43.?

Erste Partie
Französische Verteidigung
Lilienthal – Bondarewski
Moskau 1940

1.e2–e4	e7–e6
2.d2–d4	d7–d5
3.♘b1–c3	d5:e4

Keine besonders ehrgeizige Variante, jedoch diese Wahl ist vom psychologischen Standpunkt erklärlich – die Partie wurde in der letzten Runde gespielt, und der Nachziehende hatte einen Punkt Vorsprung, während sein Gegner, um zum geteilten 1.–2. Platz zu gelangen, um jeden Preis gewinnen mußte.

4.♘c3:e4	♘b8–d7
5.♘g1–f3	♗f8–e7
6.♗f1–d3	♘g8–f6
7.♘e4:f6+	♗e7:f6
8.0–0	c7–c5
9.c2–c3	c5:d4
10.c3:d4	...

Weiß nimmt den isolierten Bauern in Kauf, da er sich zu Angriffszwecken eignet – der Bauer dient als Stützpunkt, um auf e5 den Springer „aufzupflanzen". Von diesem Vorposten aus kann er sich bestens in einen möglichen Angriff einschalten. Die Partie nimmt jedoch einen anderen, positionellen Charakter an.

10...	0–0
11.♕d1–c2	g7–g6
12.♗c1–f4	♘d7–b6

Der Textzug macht die Schattenseite des Isolani sichtbar – auf d5 wird der Springer eine starke

Stellung einnehmen können.

13.♗f4–c7	♕d8–e7

1

14.♗d3–e4!	...

Ein schwer zu findender Zug, der weitgehende Folgen nach sich zieht. Was die Einschätzung der Stellung betrifft, steht Weiß etwas freier, Schwarz hat jedoch keine realen Schwächen. Der Nachziehende pocht auf den starken Punkt d5 für den Springer. Gleichzeitig kann sich der weiße Bauer auf d4 als nicht zu unterschätzende Schwäche erweisen.

14...	♘b6–d5
15.♗e4:d5	e6:d5

Manchmal hemmen psychologische „Nebentöne" die Wahl des besten, positionsgemäßen Zuges. In dieser Hinsicht mußte sich Weiß damit abfinden, daß er nach dem Tausch auf d5 dem „französischen" Läufer von Schwarz die Diagonale öffnete, der gewöhnlich lange Zeit hinter der eigenen Bauernkette eingekerkert bleibt. Hier sind wir Zeugen einer Umgestaltung gewisser positioneller Faktoren. Dabei macht man dem Gegner kleine Zugeständnisse, ohne allerdings die eigenen Vorteile aus der Hand zu geben. Übrigens: Welches Ziel Weiß mit seiner Tauschaktion verfolgte, werden Sie nach etlichen Zügen erkennen.

16. ♗c7–e5! ...

Der Läufer auf f6 erfüllte eine wichtige Aufgabe – er hütete das Feld e5 und drückte auf den Isolani.

■ Merken Sie sich: Stark postierte gegnerische Figuren muß man zum Tausch zwingen!

16... ♗c8–f5

Typisch! Auch in ruhigen Stellungen müssen wir immer mit unerwarteten taktischen Stichen rechnen. Falls Schwarz den Tausch mit 16... ♗g5 vermeiden möchte, würde ihn Weiß mit dem folgenden Ablenkungsopfer dazu zwingen: 17.♖fe1 ♗e6 18.♗d6! ♕:d6 19.♘:g5.

17. ♗e5:f6 ♕e7:f6
18. ♕c2–b3 ♗f5–e4
19. ♘f3–e5! ...

Jetzt erst offenbart sich uns die positionelle Grundidee des Anziehenden, die mit dem 14. Zug eingeleitet wurde. Der weiße Springer ist dem Läufer in positioneller und dynamischer Hinsicht überlegen – er vermag die weißen und schwarzen Felder elastisch zu bestreichen, während der Läufer an die Verteidigung des Bauern d5 gebunden ist und eine passive Rolle spielen wird. Bis zum Sieg

ist es allerdings weit – auf dem Brett befinden sich ja noch andere Figuren. Was aber die gegebene Stellung anbelangt, muß Schwarz unverzüglich gegen zwei Drohungen – 20.f3 und 20.♘d7 – Maßnahmen ergreifen.

19... ♕f6–b6

Quasi erzwungen.
20.♕b3:b6 a7:b6
Direkt aus der Eröffnung ist die Partie damit in ein Endspiel übergegangen. Wie schon bemerkt, ist der Springer dem Läufer vorzuziehen, auch kann sich der Doppelbauer auf der b-Linie als Nachteil erweisen.

21.♖f1–c1 ...

Vorläufig muß die offene Linie eingenommen werden! Kurzsichtig wäre hingegen 21.♘d7 ♖fd8 22.♘:b6 wegen 22... ♖a6.

21... ♖f8–c8
22.a2–a3 ♗e4–f5

Jetzt drohte schon 23.♘d7.

23.g2–g4! ...

■ **Einengungsstrategie** – der Läufer wird in eine passive Stellung hineingezwängt – von f5 aus wirkte er dagegen vielversprechend. Wichtig ist, daß Schwarz jetzt nicht 23... f6 spielen durfte, wegen 24.g:f5 f:e5 25.d:e5! g:f5 26.f4 ♖:c1+ 27.♖:c1 ♖a4 28.♖c7, und der auf die siebente Reihe eingedrungene Turm könnte die beiden Bauern schlagen. Die zwei verbundenen Freibauern sollten Weiß dann den

Sieg sichern.
Wie leicht man in derartigen Stellungen mit einem unpräzisen Zug einen Vorteil verscherzen kann, zeigt 25.f:g6? (anstelle von 25.d:e5!) 25... e:d4!, und Schwarz hat große Remischancen.

23... &f5–e6
24.h2–h3 f7–f6

Der Abtausch der Türme nach 24... ♖:c1+ 25.♖:c1 ♖c8 26.♖:c8 &:c8 würde die Überlegenheit des Springers noch deutlicher unterstreichen.

25.♞e5–d3 g6–g5

Er will dem Anziehenden das schöne Feld f4 streitig machen, jedoch der Zug hat schwerwiegende Folgen. Er schafft dem Anziehenden eine wichtige Angriffsmarke und schwächt gleichzeitig den Königsflügel. Besser war deshalb 25... ♔f7.

26.f2–f3 ♔g8–f7
27.♔g1–f2 ♔f7–e7
28.♔f2–e3 ♔e7–d6?

■ In derartigen Endspielen muß man aufpassen, nicht fahrlässig zu spielen und gleichsam schablonenhafte Züge zu machen. Der Nachziehende wollte es seinem Widerpart gleichtun und seinen König zentralisieren. Aber es mußte 28... h5! geschehen, um den Abtausch der Bauern anzustreben.

29. ♖c1:c8! ...

Vielleicht konnte Schwarz sich

nicht vorstellen, daß sein Gegner ihm die Kontrolle über die c-Linie einräumen würde?

29... ♖a8:c8
30.h3–h4!

Des Pudels Kern!

30... h7–h6

Ganz schlecht wäre 30... g:h4 31.♖h1 f5 32.g5!, und die Kontrolle über die Punkte e5 und f4 müßte Weiß den Sieg sichern.

31.h4:g5 h6:g5
32.♖a1–h1 ...

Eine wichtige Linie ist erobert worden.

32... ♖c8–e8
33.♔e3–d2 &e6–d7
34.♖h1–h6 ♖e8–f8

Schwarz ist gezwungen, mit dem Turm die offene c-Linie zu verlassen und eine passive Verteidigungsfunktion zu übernehmen. Fehlerhaft wäre übrigens 35... ♔e6 wegen 36.f4! ♖g8 36.f5+ mit klarem weißen Stellungsvorteil.

35.♞d3–e1! ...

Es ist lehrreich zu verfolgen, wie Weiß seine Kräfte umgruppiert, um deren Kampfpotential zu steigern.

35... ♔d6–e7
36.♔d2–c3 ♔e7–d6
37.♞e1–c2 ♖f8–f7
38.♞c2–e3 &d7–e6
39.♔c3–b4! ...

Jetzt äußert sich der Nachteil des

Doppelbauern.

| 39... | ♗e6–d7 |
| 40.♘e3–f5+ | ... |

Weiß hat es verstanden, alle seine Kräfte maximal zu aktivieren.

| 40... | ♔d6–c7 |

Schwarz durfte den kecken Springer nicht schlagen, da er nach 40... ♗:f5 41.g...f5 ♔c6 42.a4! ♖f8 43.♖h7 ♖d8 44.♖f7 ♖d6 45.b3 in Zugzwang geraten wäre.

| 41.a3–a4 | ♗d7–e6 |

2

42.♘f5–g3! ...

Der weiße Springer strebt nach h5!

■ Merken Sie: Es ist besonders wichtig, den Druck der Figuren unentwegt zu steigern!

| 42... | ♗e6-d7 |

43.♘g3–h5! ...

■ Jetzt verwandelt sich der positionelle Vorteil in einen materiellen!

| 43... | f6–f5 |

Weiter folgte:

44.♘h5–f6	f5:g4
45.♘f6:d5+	♔c7–b8
46.f3:g4	♗d7:g4
47.♘d5:b6	♖f7–f2
48.b2–b3	♗g4–d1
49.d4–d5	♔d8–c7

Der Gegenangriff mit 49... ♖f3 schlägt wegen 50.d6 ♖:b3+ 51.♔a5 fehl.

50.a4–a5	♖f2–d2
51.♖h6–h7+	♔c7–b8
52.d5–d6	♖d2–d4+

Falls 52... ♖:d6?, so 53.♖h8+ ♔c7 54.♖c8 matt.

| 53.♔b4–c5 | ... |

■ Merken Sie sich, wie alle weißen Kräfte voll geballter Energie harmonisch zusammenwirken!!

| 53... | ♖d4–h4 |

Der Textzug kostet eine Figur, doch war Schwarz ohnehin verloren.

54.d6–d7	♔d8–c7
55.d7–d8♕+	♔c7:d8
56.♖h7–d7+	

Schwarz gab auf.
Ich möchte zu dieser Partie ein Nachwort anfügen.
Es gibt zwei Grundarten von Partien:
In der einen knistert und knackt es in allen Fugen, es sprießen wundervolle „kombinatorische Blumen" hervor.
Kein Wunder, daß derartige

15

Kombinationspartien unseren schöpferischen Nerv enorm aktivieren, unser Interesse bis zum Fortissimum schüren. Das erklärt auch, warum sich die Gesetzmäßigkeiten der Angriffsmethoden in unser Gedächtnis tiefer und leichter einnisten.

Ganz anders verlief der Kampf in der soeben zitierten Partie. Das Spiel glich einem ruhig fließenden Fluß – früh ging die Partie in ein Endspielstadium über, es war eine Gleichgewichtsstellung entstanden, oder jedwede Scharmützel oder Zusammenstöße. In solchen Positionspartien würde es den Leser erfrischen, wenn einer der Partner den Kraftakt unternimmt, das Steuer herumzuwerfen, ohne ein Risiko zu scheuen und auf Gewinn spielt.

Der erfahrene Spieler weiß ganz genau, daß ausgeglichene Stellungen bei bestem Spiel immer wieder zu ausgeglichenen Stellungen führen und daß man laut dem Prinzip von Steinitz in derartigen Stellungen nicht auf Gewinn zu spielen hat. Erst wenn das Gleichgewicht gestört ist, unterstreicht Steinitz weiter, darf jene Partei mit Gewinnabsicht angreifen, die den Vorteil auf ihrer Seite hat.

■ Es ist klar, um nicht einen einseitigen Spielstil zu entwickeln, muß man beiden Partietypen gleichmäßige Aufmerksamkeit schenken! Was unsere „langweilige" Partie anbelangt, unterliefen dem Nachziehenden ganz kleine Fehler: zuerst beim Partieaufbau, dann folgten einige schablonenhafte Züge. Er demonstrierte glänzend, daß das Gleichgewicht der Stellung gestört war.

■ Das Schwierige bei derartigen positionellen Partien besteht im übrigen darin, daß ein feines Positionsgefühl nötig ist, um die Minifehler des Gegners zu entdecken und daß man den Gegner unentwegt mit kleinen Stichen „beunruhigen" muß.

Leider unterschätzen junge Spieler die Bedeutung derartiger „langweiliger" positioneller Partien, obwohl ausgerechnet das Positionsspiel die Basis für das Kombinationsspiel bildet.

■ Da sich positionelle Ideen nicht so farbenprächtig wie Kombinationen in unser Gedächtnis einnisten, will ich Sie mit meinen Tabellen (im Anhang) bekanntmachen. Dabei müssen Sie sich die Quintessenzen der wertvollen Ideen nicht „einhämmern" – nur von Zeit zu Zeit sollten Sie sich den Inhalt der Tabellen anschauen und sich die Stellungen vorstellen, die mit dem entsprechenden Zug verbunden sind.

Falls Sie den Inhalt der Stellung (gewöhnlich handelt es sich um wichtige Knotenpunkte) absolut vergessen haben, spielen Sie die Partie einfach wieder nach, aber ohne jeden Druck.

■ Was die Struktur des Ideeninhalts der Partie anbelangt, merken Sie sich die Hauptidee, das unentwegte Bestreben des Anziehenden, den Aktivitätsradius seiner Kräfte zu steigern. Das aktive Zusammenspiel aller weißen Kräfte ist das Alfa-Omega des Schachspiels.

ZWEITE TRAININGSSTUNDE

Wissen Sie, zu Beginn jeder Stunde pflege ich meinen Schülern zur „Erwärmung" Mattaufgaben oder Studien zur Lösung vorzulegen. Gleichzeitig ist dies ein ausgezeichnetes Mittel, die reine Rechentechnik zu entwickeln. (Ich empfehle Ihnen deshalb übrigens, sich an Lösungswettbewerben der Schachpresse zu beteiligen!)

■ Versuchen Sie, die beiden Zweizüger mit den dazugehörigen Varianten bitte nach Möglichkeit im „Kopf" direkt vom Diagramm zu lösen!

3

4

■ Weiß ist jeweils am Zug!

Vergleichen Sie bitte Ihre Lösungen!

Aufgabe 3:

1.♖b5–f5! ...

Für die Praktiker erweisen sich jene Probleme als besonders wertvoll, deren Lösung mit einer Drohung verbunden ist. In diesem Fall droht Weiß nach Abzug des Turmes elementar 2.♕a4 matt.

a) 1... ♘f7–e5

Blockiert das Feld.
2.♖f5–f4 matt.

b) 1... ♘f7–d6

Wendet zwar die Drohung ♕a4 matt ab, ermöglicht aber den folgenden Zug:
2.♕c6–d5 matt.

Aufgabe 4:

1.♖c5–c4! ...

Mit diesem unerwarteten Opferangebot entsteht die Drohung 2.♘e5 matt.

a) 1... ♗a2:c4

Jetzt ist das Feld c4 blockiert.
2.♘d7–c5 matt.
Falls 1... ♔:c4, so 2.♘e5 matt.

b) 1... e3–e2

2.♕b2–c3 matt.

ÜBRIGENS:
„Es gibt zwar Leute, welche die Schachprobleme gering schätzen, indes nur, weil sie nichts davon wissen."

(Französisches Manuskript aus dem 13. Jahrhundert)

Tests zur zweiten Partie

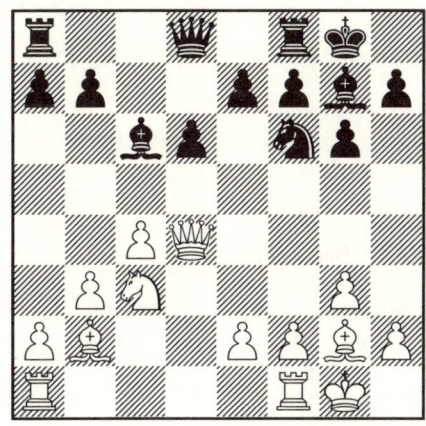

5

☐ Weiß ist jeweils am Zuge!

☐ 12.?

6a: **Weiß:** ♔g1, ♕b2, ♖d4, ♗f3, ♙a2, b3, c4, e2, f2, g3, h2 (12)

    Schwarz: ♔g8, ♕b6, ♖a8, ♖c7, ♞f6, ♟a5, b7, d6, e7, f7, g6, h7 (12)

    ☐ 20.?

6b: **Weiß:** ♔g1, ♕f6, ♖d6, ♗d5, ♙a2, b3, c4, e2, f2, g3, h4 (11)

    Schwarz: ♔h7, ♕c5, ♖c7, ♖b8, ♟a5, b7, f7, g6, h5 (9)

    ☐ 25.?

Die folgende Partie verläuft anfänglich in ruhigem Fahrwasser. Weiß erhält in der Eröffnung Raumvorteil, was ihm ermöglicht, seine Figuren auf aktivere Positionen zu stellen.

■ Lehrreich sind die Auflockerungszüge des Anziehenden, die die schwarze Königsstellung schwächen.

■ Sie werden sehen, welche wertvollen Dienste der Bauer als „Mauerbrecher" leistet. Ja, was ihn anbetrifft, als kleinste Einheit braucht er am wenigsten Schonung, deshalb wird er oft geopfert, um die Bauernfront des Gegners zu zermürben. Hinzu kommt, daß er sogar den Figuren gefährlich ist, wegen seiner gefürchteten Doppelangriffe, den Bauerngabeln! Enorm ist seine strategische Bedeutung. Hängt nicht entscheidend von der Bauernstruktur (besonders im Zentrum) der Spielcharakter im darauffolgenden Mittelspiel ab? Der Bauer hemmt nicht nur die Beweglichkeit der gegnerischen Figuren, sondern von der Stabilität der Bauernfront hängt die Sicherheit des Monarchen ab.

Es sei noch zu bemerken, daß ausgerechnet die Bauernstruktur uns als Merkmal dient, die positionelle Eigenart der Stellung zu erkennen.

Binsenweisheiten? Ja, aber wie oft erkennen wir nicht oder unterschätzen die scheinbar stille Arbeit des Bäuerleins.

Von einem Einschlag der Dame oder des Turmes haben wir Respekt, aber vor dem Vormarsch des Bauern? Ja, nur falls er sich an die vorletzte Horizontale herangepirscht hat, werden wir „wachsam"...

Zweite Partie
Englische Eröffnung
Euwe–Carl
den Haag 1928

1.♘g1–f3	♞g8–f6
2.c2–c4	c7–c5
3.g2–g3	♞b8–c6
4.♗f1–g2	g7–g6
5.b2–b3	...

Weiß nutzt seinen Anzugsvorteil, um nach 6.♗b2 dem gegnerischen Läufer zu opponieren.

■ Merken Sie: Schon im Anfangsstadium versucht man beim Aufbau der Partie nicht nur Zeit und Raum zu gewinnen, sondern gleichfalls a priori die Wirkungssphäre der gegnerischen Kräfte zu neutralisieren, wie abstrakt es auch anfänglich scheinen mag. Dasselbe wird Schwarz auf der langen Diagonale unternehmen, jedoch mit seinem 12. Zug macht Weiß dieses Vorhaben zunichte.

5...	♗f8–g7
6.♗c1–b2	d7–d6
7.d2–d4	c5:d4
8.♘f3:d4	...

Weiß hat das etwas freiere Spiel.

8...	♗c8–d7
9.0–0	0–0
10.♘b1–c3	♞c6:d4

11.♛d1:d4　　　　　♝d7–c6

Der Nachziehende will den Druck auf der Diagonale mittels Figurentausches abschütteln, er erreicht dieses Ziel jedoch nicht.

5

12.♞c3–d5!　　　♞f6–h5
13.♛d4–d2　　　　♝g7:b2
14.♛d2:b2　　　　...

Nach dem Tausch des fianchettierten Läufers neigt der schwarze Königsflügel zu einer relativen Schwäche.

14...　　　　　　　♝c6:d5

So ein zentralisiertes Roß muß getauscht werden, weil es drückend auf die Stellung wirkt.

15.♝g2:d5　　　　♛d8–b6
16.♜f1–d1　　　　♞h5–f6

Ohne Unterstützung kann der Springer am Rande nichts ausrichten, darum muß er auf eine bessere Position geführt werden.
■ Übrigens, derartigen selbstverständlichen Zügen werden keine besonderen Kommentare gewidmet, jedoch würde ich Ihnen raten, aufmerksam zu ver-

folgen, wie die großen Meister unentwegt bestrebt sind, ihre Kräfte auf bessere Positionen zu verlagern.

17.♝d5–f3　　　　♜f8–c8
18.♜d1–d4　　　　a7–a5
19.♜a1–d1　　　　♜c8–c7

Besser ist 19... ♜c5, um diesen Turm gelegentlich zu Angriffszwecken am Königsflügel einzusetzen.

6

20.h2–h4!　　　　...

Weiß hat Raumvorteil. Mit diesem typischen Zug will er sich an den g6-Bauern heranpirschen, um nach Tausch auf g6 seinen positionellen Vorteil zu vergrößern.

20...　　　　　　　h7–h5

Eine instinktive Reaktion, die aber den Königsflügel noch mehr schwächt.
■ Merken Sie sich: Mit Bauernzügen muß man immer behutsam sein. Besser war sicherlich 20... ♜c5.

21.♜d4:d6!　　　　...

Ein korrektes Opfer, wonach Weiß die geschwächte Königsstellung schnell ausnutzt. Eine gewisse Rolle spielt auch der Umstand, daß die schwarzen Kräfte vom Königsflügel abgeschnitten sind.

21...	e7:d6
22.♛b2:f6	♜a8–f8

22... ♜d7 bringt wegen 23.♝d5! nichts.

23.♜d1:d6	♛b6–c5
24.♝f3–d5!	...

Jetzt werden die Folgen des verheerenden schwarzen Bauernzuges 20... h5 sichtbar: Es droht tödlich 25.♛:g6+!

24...	♚g8–h7
25.g2–g4!	...

Merken Sie sich derartige Bauernzüge, die Vorläufer der Figurenangriffe sind und die gegnerische Bauernphalanx ganz aufbrechen.

25...	♛c5–a3

Der einzige Weg, seinem König noch zu Hilfe zu eilen. Jedoch ist das alles zu spät. Ganz schwach wäre 25... h:g4 wegen 26.h5. Das weitere ist leicht verständlich:

26.g4:h5	♛a3–c1+
27.♚g1–h2	♛c1–h6
28.♝d5:f7	♛h6–g7

Wenn 28...♜:f7, so 29.h:g6+ ♚g8 30.g:f7+.

29.h5:g6+	♚h7–h8
30.♛f6–g5	

Nun droht vernichtend 31.♛h5+. Schwarz gab auf.
Keine besonders aufregende, jedoch logisch gespielte und lehrreiche Partie. Ich hoffe, daß Sie keine besonders großen Schwierigkeiten hatten, die dargebotenen Tests zu lösen, dafür wird nun das folgende Beispiel aufregender.

Tests zur ersten Partiestellung

☐ Weiß ist immer am Zuge!

Aufgabe 7:
　Weiß: ♔g1, ♕e4, ♖a1, ♖d1, ♗b3, ♗f4, ♙a5, b2, d4, e5, f2, g2, h2 (13)
　Schwarz: ♚g8, ♛c8, ♜a8, ♜d8, ♝f8, ♞b4, ♟a6, b5, c6, e6, f7, g7, h6 (13)
　☐ **21.?**

7a: **Weiß:** ♔g1, ♕e4, ♖a1, ♖d1, ♗b3, ♗d2, ♙a5, b2, d4, e5, f2, g2, h2 (13)
　Schwarz: ♚g8, ♛c8, ♜a8, ♜d8, ♞d5, ♝f8, ♟a6, b5, c6, e6, f7, g7, h6 (13)
　☐ **22.?**

7b: **Weiß:** ♔g1, ♕e4, ♖a1, ♖d1, ♗c2, ♗d2, ♙a5, b2, d4, e5, f2, g2, h4 (13)
　Schwarz: ♚g8, ♛c8, ♜a8, ♜d8, ♝f8, ♞d5, ♟a6, b5, c6, e6, f7, g6, h5 (13)
　☐ **24.?**

Aufgabe 8:
Weiß: ♔g1, ♕g6, ♖a1, ♖d1, ♗f6, ♗c2, ♙a5, b2, d4, e5, f2 (11)
Schwarz: ♚g8, ♛c8, ♜e8, ♜a7, ♝g7, ♞f5, ♟a6, b5, c6, e6 (10)
☐ **31.?**

7

Falls Sie meinem Rat folgen werden und sich selbständig auf die Suche nach neuem Material begeben, können Sie auf eine derartige Stellung stoßen. Beim Nachspielen wird es Sie überraschen, daß Sie sich an eine bekannte Stellung erinnert fühlen, was auch den Anstoß zur Suche nach dem stellungsgemäßen Plan gibt.

Was die Einschätzung der Stellung anbelangt, spricht vieles für Weiß: So verfügt der Anziehende über Raumvorteil, seine Dame nimmt im Vergleich zur schwarzen eine aktivere Stellung ein. Der Bauer c6 könnte für den Nachziehenden eine unangenehme Schwäche werden. Schon nach dem eventuellen Manöver ♖a1–c1–c3 wird Weiß seinen Turm schnell zum Königsflügel überführen, während der schwarze Turm auf a8 vorläufig ganz „kleinlaut" eine passive Rolle spielen muß.

Aber Weiß muß mit einer Schwäche vorlieb nehmen – Schwarz verfügt über einen starken Punkt auf d5 – eine ideale Stellung für den Springer! Und: Weiß muß auch mit dem Druck

des Turmes d8 auf den Bauern d4 rechnen.

Das sind wahrlich alles abstrakte Einschätzungen, die es gilt, in konkrete günstige Voraussetzungen zu aktivem Handeln umzusetzen. Gerade darin aber äußert sich die Faszination des Schachspiels – der Spieler muß Phantasie haben, einen konkreten, aktiven Plan ersinnen und dessen praktische Realisation aufspüren. Welche Hilfsmittel stehen der besser postierten Partei zur Verfügung? Das kann als Generalprinzip gelten – man muß den Gegner zwingen, sich unserem Diktat zu beugen. Das Anzeichen der möglichen Drohung bezeugt auch, daß die aktive Seite sich gleichfalls der Initiative bemächtigt hat. Weiß löste in diesem Fall das angedeutete Problem vorbildlich:

21. ♗f4–d2! ...

Ausgezeichnet! Es droht 25. ♗:b4 ♗:b4, und dann kann Weiß mit 26.d5! die Demarkationslinie überschreiten.

21... ♘b4–d5

Es galt auch den Springer von der Kontrolle des Punktes c2 abzulenken, von wo sich der weißfeldrige Läufer aktiv ins Spiel einzuschalten beabsichtigt. Hat aber Weiß eine andere Drohung in Aussicht? Das wird sofort klar werden und falls Sie das vorhergehende Beispiel aufmerksam studiert haben, sollten Sie den nächsten Zug problemlos gefunden haben...

22.h2–h4!   ...

Es taucht eine konkrete Drohung auf: 23. ♗c2. Falls nun 23... g6, so h5! Um diese Drohung abzuwenden, ist Schwarz gezwungen, eine neue Schwächung des Königsflügels in Kauf zu nehmen.

22...   h6–h5
23. ♗b3–c2   g7–g6
24.g2–g4!   ...

Schon gesehen? Also, die Bauernstellung wird wiederum zerrüttet!
■ Ich glaube, falls Sie ein normales Gedächtnis haben, wird Ihnen der Bauernaufzug mit den h- und g-Bauern aufgrund der vorher zitierten Partie geläufig sein. Dabei muß man diese Züge nicht als alleinstehende Begebenheiten auffassen, wohl aber als Hilfselemente zur Realisierung des Grundplanes!

24...   h5:g4
25.h4–h5!   ...

Setzt das „dunkle Werk" fort...

Wieder wirkt der Bauer als „Mauerbrecher", der den schwarzen Bauernwall einreißt.

25...   ♖a8–a7
26. ♕e4:g4   ♘d5–e7
27. ♗f4–g5   ♖d8–e8
28. ♗g5–f6!   ...

Schlagartig ist es Weiß gelungen, das Angriffspotential des Läufers zu steigern – er hat sich nicht besonders freundlich gesinnt vor der „Nase" des schwarzen Königs aufgepflanzt...

29...   ♘e7–f5

29.h5:g6   f7:g6
30. ♕g4:g6+   ...

Mit der Entblößung der Königsstellung geht es für Schwarz schnell bergab.

30...   ♗f8–g7

8

31. ♖a1–a3!   ...

Die schwere Artillerie greift ein!
■ Prägen Sie sich die Form derartiger Turmaktivierungen ein! Über die dritte Reihe – oft vor der eigenen Bauernkette – schaltet er sich voller Wucht ins Kampfgeschehen ein. Wie jeden echten Schachspieler, entzücken mich natürlich prachtvolle Opfer, jedoch hinterlassen auch stille, „alltägliche" Figurenumgruppierungen, die ihren Teil zum Sieg beitragen, einen tiefen Eindruck auf mich.

31...   ♖e8–f8
32. ♖a3–h3   ♕c8–e8
33. ♕g6–h7+   ♔g8–f7
34. ♗d3:f5

Schwarz gab auf.

DRITTE TRAININGSSTUNDE

Wissen Sie, es ist eine heikle Aufgabe feststellen zu können, ob sich unser Schutzbefohlene zu Beginn des Turniers in guter Form befindet.

In rein physischer Hinsicht können wir gute Bedingungen schaffen, was jedoch die schöpferische Form anbelangt, hängt alles vom subjektiven Befinden des Schachspielers ab. So kam Exweltmeister Tigran Petrosjan zur Einsicht, daß – falls er am Vorabend eines Turniers schnell und reibungslos Probleme, Studien und Kombinationen löst – er sich in guter schöpferischer Form befindet.

■ Prüfen Sie doch einmal selbst, in welcher schachlichen Verfassung Sie derzeit sind! Die folgenden Zweizüger, sogenannte Miniaturen, bitte wiederum vom Blatt lösen!

Aufgabe 9a: ♔b2, ♕f3, ♗e7, ♘c2, ♙f5 (5)
Schwarz: ♚e5, ♙g6 (2)

9

10

☐ Weiß ist jeweils am Zuge!

Vergleichen Sie bitte Ihre Lösungen!

Aufgabe 9:
1.♕d1–g1! ...
Besonders eindrucksvoll wirken in Mattaufgaben Lösungen, wonach dem gegnerischen König freie Felder eingeräumt werden.

9/1)
1... ♚e5–d6
2.♕g4–d4X

9/2)
1... ♚e5–f4
2.♗d8–c7X

9/3)
1... f5–f4
2.♕g1–c5X.

■ Versuchen Sie sich die Ausgangsstellung des Problems und dessen Lösung blind vorzustellen!

Aufgabe 9a:
9a/1):
1.♘c2–b4 ♚e5–d4
2.♕f3–f4X

9a/2):
1... g6:f5
2.♕f3–e3X

9a/3):
1... g6–g5
2.♘b4–c6X

Aufgabe 10:
1.♗f6–d8! ...
Um die Drohung 2.♕f4 abzuwenden, verläßt die Dame oder der Springer die vierte Horizontale, wonach die zurückgebliebene Figur gefesselt ist.

10/1):
1... ♕b4:d6+
2.♕f8:d6X

10/2):
1... ♘c4:e5
2.♗d8:b6X

10/3):
1... ♘f1–g3
Führt zur Überdeckung des Turmes.
2.♘h2–f3X

10/4):
1... ♖h3–e3
Blockiert das Feld e3!
2.♖e5–d5X

10/5):
1... ♚d4:e5
2.♕f8–f6X

Praktische Winke

Bei Schachkommentaren heißt es häufig: ... und der Rest ist Sache der Technik. Strenggenommen gehört dieses Problem nicht zum Thema unserer Trainingsstunden. Da jedoch eine ungenügende Realisationstechnik eng mit einer ungenügenden Schachschulung verbunden ist, und zudem negativ-psychologische Nebenwirkungen nach sich zieht, halte ich es für wichtig, dieses Thema zumindest zu streifen: umsomehr, weil seine pragmatische Bedeutung nicht zu unterschätzen ist.

Seinerzeit hatte der zweite Weltmeister der Schachgeschichte, Emanuel Lasker, behauptet: „Am schwersten ist es, eine gewonnene Stellung zu gewinnen!" Und das bezeugte ein Großmeister, der seinerzeit die größten Turniererfolge zu verzeichnen hatte? Womit ist eine derart paradoxe Erscheinung zu erklären, der viele Meister zum Opfer fallen und die manchen sogar die Freude am Schachkampf genommen hat? Es gibt dafür tiefliegende schachliche, psychologische und physiologische Gründe.

In der Turnierpraxis entsteht häufig die folgende Situation: Ein Spieler führt einen schweren Verteidigungskampf, doch in einer fast aussichtslosen Lage mobilisiert er auf einmal ungeahnte Reserven. Was seinen siegesbewußten Gegner anbetrifft, so glaubt dieser, daß die Sache für ihn schon gelaufen ist, und er beginnt, nachlässig zu spielen. Aber sein zäher Widerpart denkt gar nicht daran aufzugeben. Vielleicht spielt er nach dem Vorsatz „Aufzugeben ist nie zu spät!" ... Diese Haltung ist für seinen Rivalen unverständlich, er vermag sich nicht zu konzentrieren, verliert die Objektivität, beginnt die Geschehnisse zu forcieren und bemerkt dabei nicht, daß er seinen Vorteil bereits eingebüßt hat. Anstatt sich mit einem Unentschieden zu begnügen, spielt er starrköpfig weiter auf „Gewinn" und – verliert noch zuguterletzt die Partie. Falls der Verlust eines halben oder ganzen Punktes für den Turnierstand sofort bedeutend ist, zieht eine derartige Niederlage schwere psychologische Folgen nach sich. Ja, nach solchen Verlustpartien kann man durchaus den Glauben an seine Spielstärke und damit auch die Lust, das Turnier weiterzuspielen, verlieren. Um es nicht bei der bloßen verbalen Beschreibung der geschilderten Situation zu belassen, möchte ich ein Beispiel aus meiner eigenen Praxis beisteuern.

Koblenz–Rawinski

11

41. ♖f8? ...

Glauben Sie mir, seit dieser Partie sind schon 41 Jahre vergangen, doch ich schäme mich noch heute, einen derartigen Zug gemacht zu haben. Ich hätte hier in aller Ruhe das Spiel abbrechen können, und wäre dann nach kurzem Nachdenken auf den offensichtlichen Zug 41. ♖c7 gestoßen. Ich war aber erregt und „fuchtig", weil mein Gegner mit einem Turm weniger die Partie nicht aufgab. Plötzlich riß mir einfach der Geduldsfaden, und ich begann, blindlings zu blitzen: 41... ♔g6 42. ♖g8+ ♔h5 43. ♖g7? d3 44. ♖:f7 ♖h4+ Mit Schrecken bemerkte ich, daß ich mich nach 45. ♔g2 ♖g4+ 46. ♔f2 ♖f4+ mit einem Remis begnügen muß, da 47. ♔e1?? wegen 47... d2+ sogar verliert. Was mich vom rein schachlichen Standpunkt heute schmerzhaft berührt, ist die Frage – Wie konnte ich meinen Turm derart zielstrebig deplacieren? Nun, in der Hitze des Gefechts dominierte der Impuls, den f-Bauern zu

gewinnen und so die Partie unverzüglich zu beenden. Tja, auch in kritischen Stellungen muß man kühles Blut bewahren und darf den objektiven Blick nicht verlieren. Dieses Beispiel erfordert noch ein paar Nachsätze, die ich Sie, meine sehr geehrten „Schutzbefohlenen" bitte zu beherzigen.

Herrlich ist die Karriere eines Schachspielers, egal, ob er Profi oder Amateur ist. Man muß jedoch wissen, daß der schachliche Alltag nicht nur aus Siegen besteht. Man muß vielmehr frühzeitig lernen, Verluste hinzunehmen und darf dabei ebensowenig vergessen, daß man gerade aus den eigenen Fehlern die besten Lehren ziehen kann. Eine derartige positive Einstellung wird den Schmerz einer Niederlage psychologisch lindern, wenn es auch manchmal ein schwacher Trost ist, falls dieser Verlust die Qualifikation für ein wichtiges Turnier kostete. Falls die Ursachen für die Niederlage im schachlichen Bereich liegen, so muß man sie verschmerzen lernen. Das ist auch nicht leicht, aber man muß! Vielleicht hatte der erste Weltmeister der Schachgeschichte, Wilhelm Steinitz, recht, als er behauptete:

„Schach ist nichts für schwächliche Naturen!" Hüten Sie sich aber in jedem Fall nach Verlustpartien vor einer „Selbstzerfleischung". Daß jene Stellung, in der uns ein grober Fehler unterlaufen ist, uns wie eine aufdringliche Fliege ständig vor Augen schwebt, ist verständlich, aber noch lange kein Grund für Depressionen.

„Schach hat mich gelehrt, meinen Charakter zu stählen", bekannte der vierte Weltmeister der Schachgeschichte, Alexander Aljechin. Allerdings gehört dazu starke Willenskraft und Ausdauer. Mangel an diesen Eigenschaften hat viele talentierte Großmeister daran gehindert, auf dem Wege zur Weltmeisterschaft erfolgreich zu sein.

Gleichzeitig muß man sich selbstkritisch eingestehen, daß in jedem Verlust ein Körnchen begründete Gesetzmäßigkeit und Logik steckt. Aber wir pflegen unsere Fehler oft als „himmelschreiende" Ungerechtigkeit zu bezeichnen, ohne dabei zu erkennen, welchen Nutzen wir daraus schlagen könnten, würden wir aus jeder Niederlage die entsprechenden Schlüsse ziehen. „Jeden Mißerfolg fasse ich als Etappe zur Selbstvervollkommnung auf", so Lajos Portisch. Leider habe ich in meinen jungen Jahren diese elementare Lebensweisheit niemals beherzigt.

Jetzt möchte ich noch auf das soeben angeführte Beispiel zurückkommen, dessen innere Gesetzmäßigkeit unter die Lupe nehmen.

Betrachten wir also das Nachlassen der Konzentration genauer. Es mag geschehen, daß die Erringung des Vorteils sehr viel Energie in Anspruch genommen hat. Unser Organismus ergreift darauf zur Entspannung „ungefragt" eine prophylaktische Maßnahme. Spürbar wird das in einer geistigen Erschlaffung, eine Situation, die vor allem bei wichtigen Partien eine wichtige Rolle spielt und häufig in der fünften Spielstunde eintritt. Darum sollte man sich auf ein Turnier stets auch physisch vorbereiten, um so vor allem vorbeugend die eigene Ausdauer zu steigern.

Aber alle angeführten möglichen negativen Erscheinungen stehen – das ist meine feste Überzeugung – im engsten Verhältnis zu unserer allgemeinen schachlichen Ausbildung, konkreter der Schachschule. Je höher unsere schachliche Ausbildung ist, umso reibungsloser verläuft unser Denkprozeß, wir verbrauchen weniger Energie.

Das bezieht sich besonders auf die Endspieltechnik und die Realisierung eines materiellen Vorteils. Es ist ja gerade das Paradoxe, daß wir ausgerechnet einen Bereich, in dem Kenntnisse mehr zählen als Einsicht, in unserer Ausbildung vernachlässigen. Bei begrenztem Material heben sich schroff die typischen Behandlungsweisen ab, was es uns ermöglicht, das Endresultat unserer Handlungen mit größerer Genauigkeit vorauszusehen. Gerade beim Studium der Endspiele erhalten Sie übersichtliches assoziatives Material, das Ihnen erlauben wird, sich in analogen Stellungen zu orientieren. Was mich anbelangt, so habe ich der Endspieltechnik nicht die genügende Aufmerksamkeit gewidmet. Ich konnte mich hauptsächlich aufgrund einer regen Praxis mehr oder weniger gut im Endspiel orientieren, jedoch hatte diese Einseitigkeit negative Folgen:

■ 1) Im Gegensatz zu Studien, die ich besonders liebe und hochschätze, schienen mir die technischen Endspiele fade und langweilig. Es ist kein Wunder, daß mir die Lavierungstechnik im Endspiel völlig fremd blieb.

■ 2) Ungenügendes Studium der Endspieltechnik hat mein intuitives Einfühlen in derartige Stellungen gehemmt.

■ 3) Um nicht an die Probleme der Endspieltechnik gebunden zu sein, zog ich es vor, das Spiel in Richtung eines komplizierten Mittelspiels zu lenken, obwohl der Übergang ins Endspiel mitunter die richtige Lösung gewesen wäre.

■ 4) Es erfaßte mich ein gewisses Unbehagen, falls meine Partie ins Endspiel überging, und ich gezwungen war, die Abbruchstellung gründlich zu analysieren.

■ 5) Den Stil Botwinniks hatte ich mir zu meinem Ideal erwählt, ohne in Betracht zu ziehen, daß die Endspieltechnik bei ihm auf besonders hohem Niveau stand.

■ Was die Aneignung der Realisierungstechnik im Endspielstadium anbelangt, so muß vorerst unterstrichen werden, daß für den Erfolg eine harmonische Verschmelzung von Praxis und dem Wissen um die Gesetzmäßigkeiten der Theorie ausschlaggebend ist.

■ Es ist auch eindeutig, daß es schwierig ist, in einer Ausgangsstellung das Endziel eines ausgetüftelten Planes vorauszusehen, ohne eine Kenntnis der Grundideen des Endspiels zu haben.

In meinem Buch „Schach positionell" (Sportverlag Berlin 1991) habe ich schon beschrieben, wie man die Grundideen gewisser Endspiele in unserem Langzeitgedächtnis unterzubringen vermag. Dabei hatte ich unterstrichen, daß man in diesem Lernprozeß hauptsächlich diejenigen Ideen beherzigen sollte, die wertvolles assoziatives Material bieten. Letzteres will ich illustrieren.

Wenn ich zurückdenke, was mir beispielsweise vom Studium der Turmendspiele wirklich in Erinnerung geblieben ist, so komme ich zur überraschenden Feststellung, daß es hauptsächlich einzelne Züge sind, die aber den Kern der Stellung treffen und mir als Orientierung zu weiteren praktischen Handlungen dienen.

Ich glaube, daß Sie nach dieser Beichte, in der ich sie nicht mit didaktischen Ratschlägen behelligen wollte, die Bedeutung der folgenden Tests selbst erkennen werden.

Auf den ersten Blick
(1)

Ein erfahrener Schachspieler erkennt in den folgenden Stellungen auf den ersten Blick, welchen Zug er zu machen hätte und mit welcher Idee dieser eng verbunden ist. Das eigenartige dabei ist, daß er sich den Inhalt der Idee nicht verbal bewußt macht. Wir denken doch schließlich auch nicht darüber nach wozu wir Sauerstoff brauchen und wie der Atmungsprozeß physiologisch abläuft.

Ihre Aufgabe besteht darin, nicht nur den stellungsgemäßen Zug in einem „Atemzug" zu entdecken, sondern auch dessen Grundidee verbal zu erklären.

■ Die verbale Erklärung fördert die Entwicklung der Intuition.

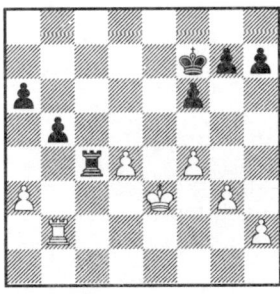

13

□ Weiß ist jeweils am Zuge!

14

■ Schwarz am Zuge! Was wäre richtig, was wäre falsch?

12

Vergleichen Sie bitte Ihre Lösungen!

Aufgabe 12:
1. ♖b2–a2!
Der Turm gehört hinter den Freibauern!

Aufgabe 13:
1. ♖a2–a6!
Dem König werden Felder genommen und somit die Bewegungsfreiheit entscheidend gehemmt.

Analysieren Sie den weiteren Verlauf selbst! In „Schach positionell" ist der ganze Verlauf angegeben (siehe S.60), aber ich glaube, daß Sie die Analyse ohne Vorlagen meistern werden.

Aufgabe 14:
14) **1. ♖c4–c3+?**
Dieser Zug wäre falsch, da nach 2.♔e3–e4 ♖c3:a3 3.♔e4–d5 Weiß seine Kräfte schlagartig aktiviert hätte. Ihre persönliche Analyse wird Sie von der Stichhaltigkeit dieser Einschätzung überzeugen.

Der richtige Zug ist **1...♔f7–e6,** was das Eindringen des weißen Königs verhindert.

Auf den ersten Blick (2)

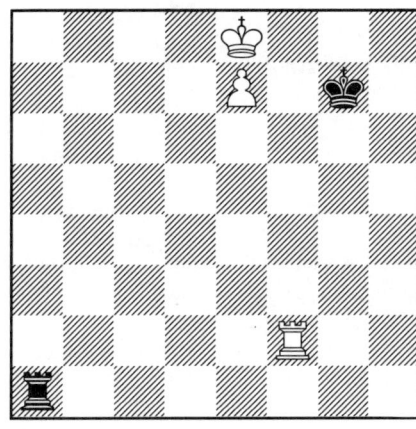

15

■ Schwarz am Zuge!
Remis oder Gewinn?

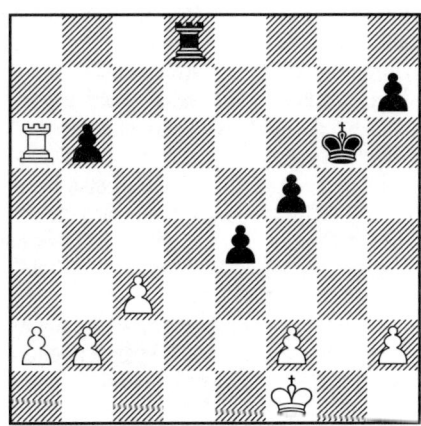

16

■ Schwarz am Zuge!
Was würden Sie vorziehen?

Vergleichen Sie bitte Ihre Lösungen!

Aufgabe 15:
1... ♖a1–a7+ sichert das Remis, da die Entfernung zwischen König und Turm vier Felder beträgt.

Aufgabe 16:
Nicht passiv 1... ♖d8–d6?, sondern 1... ♖d8–d2!

■ Besonders in Turmendspielen ist der Gegenangriff die effektvollste Waffe. Da die Bedeutung des Turmzuges in diesem Beispiel eng mit anderen Faktoren verknüpft ist und zu einem langwierigen Kampf führt, bringen wir den ganzen Verlauf:
2.♖:b6 ♔g5 3.♔e1
Logisch erschiene es, den entfernten a-Bauern vorzuschieben, jedoch nach 3.a4 f4 4.a5 f3 5.♔e1 ♖e2+ müßte Weiß sich mit einem Remis begnügen:
6.♔d1 ♖:f2 7.a6 e3, und die verbundenen Freibauern garantieren Schwarz die Punkteteilung:
8.a7 ♖d2+ 9.♔c1 f2. Diese versteckte Gegendrohung rettete Schwarz auch in der Partie.
3... ♖c2 4.♖b5! ♔g4!
Entfesselt den König und droht f5–f4–f3.
5.h3+!   ...
Mit diesem Ablenkungsopfer gelingt es Weiß, den „lebenswichtigen Bauern f5 zu vernichten. Weiter folgte:
5... ♔:h3 6.♖:f5 ♖:b2 7.♖f4! ♖:a2 8.♖:e4 h5!
Dieser Freibauer ist der letzte Trumpf.

9.c4 ♔g2 10.♖f4 ♖c2 11.♖h4 ♔f3
Aber nicht 11... ♖:f2? wegen 12.♖:h2+.
12.♔d1 ♖:f2 13.c5 ♔e3 14.♖:h5 ♔d4.
Remis.
Wie dem auch sei – das Eindringen des schwarzen Turmes auf die zweite Reihe schuf die günstige Voraussetzung zum Gegenspiel.
Ebenso wie in den angeführten Turmendspielen, die sich in einer konzentrierten Form in unserem Gedächtnis tief einnisten werden, ist es ratsam, sich auch andere Themen in einer derartigen kristallreinen Form anzueignen. Es kann beispielsweise das Problem der offenen Linie sein oder typische Angriffsformen auf dem Königsflügel etc.

■ Wertvoll wäre, wenn Sie selbst auf der Suche nach Material (nicht in allzu großem Umfang) eine Karthothek aufbauen würden, um eine klare Vorstellung von den entsprechenden Themen zu erhalten. Begnügen Sie sich anfänglich mit wenigen Themen, die Sie jedoch gründlich erfassen. Erweitern Sie den Interessenkreis nur schrittweise. Man macht nämlich gewöhnlich den Fehler, sich die ganze Theorie auf einmal aneignen zu wollen. Es ist kein Wunder, daß das zu Oberflächlichkeit führt und sich letztlich als „unverdauliche Kost" erweist ...

Das Thema der Realisationstechnik möchte ich mit folgendem Turmendspiel aus dem Wettkampf um die Weltmeisterschaft anno 1908 zwischen Emanuel Lasker und Siegbert Tarrasch beschließen. Der Weltmeister hatte zwar zwei Mehrbauern, Sie werden sich jedoch davon überzeugen können, welch exakt ausgefeilte Technik Weiß demonstrieren mußte, um den Sieg zu erzwingen.

Vielleicht wollen Sie sich in die Lage des Siegers versetzen und gleich mit ihm die Züge selbst herausfinden? Bitte, diese Gelegenheit gebe ich Ihnen sofort.

■ Spielen Sie die Züge sehr langsam nach und decken Sie jede neue Zeile mit dem Lesezeichen zu. Wenn Sie den nächsten Zug selbst gewählt haben, decken Sie die Zeile auf und fahren auf diese Weise bis zum Schluß fort. Es mag sein, daß Sie alternative Varianten angeben wollen, das ist möglich, nur müssen Sie imstande sein, aufgrund einer objektiven Analyse Ihren vorgeschlagenen Zug (der sich von dem Laskers unterscheiden sollte), einer objektiven Analyse zu unterziehen!

■ Auf diese technische Lernmethode können Sie auch beim Nachspielen ganzer Partien zurückgreifen, nur müssen die Züge mit jeder neuen Zeile (wie hier angeführt) beginnen. Es gibt noch einen anderen Weg. Sie bilden mit einem Freund eine Trainingsgemeinschaft, dann kann jeder jeweils ein Beispiel anhand des Buches fortführen und das entsprechende Material zum selbständigen Lösen vorlegen. Also, bitte, Sie haben die Wahl …

17

■ Schwarz am Zuge!

Könnten Sie vorerst verbal den Gewinnplan erläutern? Vergessen Sie dabei nicht, die nachfolgenden Zeilen mit dem Lesezeichen zuzudecken …!

■ 1) Weiß muß seine Freibauern derart vorschieben, daß sie immer gleichen Schrittes die Flanke bilden und gleichzeitig ihre Blockierung verhindern.

■ 2) Weiß muß den schwarzen König auf die letzte Reihe zurückdrängen.

■ 3) Wegen der Mattdrohung ist der gegnerische Turm in eine passive Stellung hineinzuzwängen. Genaues technisches Spiel erfordert auch von Weiß, auf die Turmangriffe des Gegners vorbereitet zu sein.

Das alles hört sich einfach an, um seinen überwältigenden materiellen Vorteil zu realisieren, benötigte Weiß jedoch immerhin 20 Züge!

1...	🕮f1–f7

Weiß drohte sofort mühelos mit 2.🕮e7+ den König auf die achte Horizontale zurückzudrängen.

2.h4–h5	🕮f7–a7
3.🕮e5–b5	...

Ein wartender, vorbeugender Zug, der nichts verdirbt.

3...	🕮a7–g7
4.♔g5–f4	🕮g7–c7

Um von der Flanke her, den König angreifen zu können. Nichts hätte 4... 🕮f7+ ergeben wegen 5.🕮f5 🕮a7 6.g5 🕮a4+ 7.♔g3 🕮a3+ 8.♔g4 🕮a4+ 9.🕮f4.

5.g4–g5	...

Stellt die Bauernphalanx her!

5...	♔h7–g7
6.♔f4–f5!	...

Den Sieg würde sich Weiß mit dem impulsiven 6.g6+ erschweren, da Schwarz mit 6... ♔h6 eine Blockadestellung einnehmen dürfte.

6...	🕮c7–f7+

Ein notwendiger Abschreckungszug, da schon unangenehm 7.h6+ ♔h7 8.♔g4 drohte, da nach 8...♔g6 Schwarz mit 9.🕮b6+ aus der Blockadestellung verdrängt worden wäre.

7.♔f5–g4	🕮f7–a7
8.h5–h6+	♔g7–g6
9.🕮b5–b6+	♔g6–h7
10.♔g4–h5	🕮a7–a5

Es drohte Matt in zwei Zügen.

Darum war der Fesselungszug notwendig. Obwohl der Turm gezwungen ist, die Verteidigung der siebenten Horizontale aufzugeben.

Mit seinem nächsten Zug vollführt Weiß den zweiten Teil seines vorgesehenen Planes – die Zurückdrängung des Königs.

11.🕮b6–b7+	♔h7–g8

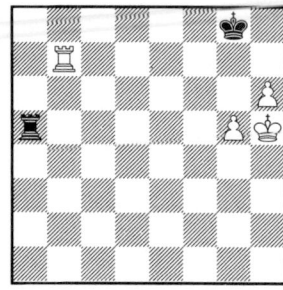

18

12.🕮b7–e7!	...

Falls Sie diesen feinen Zug selbst gefunden haben – meine ehrliche Gratulation! Jetzt ist das Schicksal der Partie endgültig besiegelt. Vom Feld e7 aus wird der Turm seinen von allen Flankenangriffen bedrohten König jederzeit verteidigen können.

12...	🕮a5–b5

Auf 12... 🕮a6 könnte Weiß seinen Sieg nach 13.h7+ ♔h8 14.g6? 🕮:g6! wegen des Patts verscherzen.

■ Die präzise technische Realisation eines materiellen Vorteils verlangt unentwegte Aufmerksamkeit und Genauigkeit!

13.♞h5–g6!	♜b7–b6+
14.♚g6–f5	♜b6–b5+
15.♚f5–f6	…

Jetzt wird die Bedeutung des 12. Zuges von Lasker klar. Der Flankenangriff hätte nun keinen Sinn, da Weiß ♜e6 spielen könnte.

15…	♜a8–b8

Weiß hat den dritten Teil seines Planes realisiert – der Turm muß sich passiv verhalten und die achte Horizontale vor Mattangriffen verteidigen.

16.g5–g6	♜b8–a8
17.♜e7–e5!	…

Der Turm muß die Königsumgruppierung von der Flanke her decken.

17…	♚g8–h8
18.♚f6–g5!	♜a8–g8
19.♜e5–b5!	…

Ein Abwartezug, der zugleich einer tückischen Falle ausweicht – nach 19.h7 erzwingt Schwarz

natürlich durch 19… ♜:g6+! das Unentschieden!

19…	♜g8–e8
20.h6–h7	…

Im richtigen Augenblick wird der h-Bauer „losgelassen".

20…	♚h8–g7
21.♜b5–b7+	

Schwarz gab auf.

Wenn man so ein Endspiel nachspielt, so denkt man unwillkürlich auch an eine andere Bezeichnung des königlichen Spiels – Schach sei ein Geduldsspiel. Wissen Sie, Großmeister Löwenfisch hatte mir einst die Ausdauer Salo Flohrs, eines der hervorragendsten Endspieltechnikers aller Zeiten, folgendermaßen charakterisiert: „Flohr erinnert mich in dieser Hinsicht an eine Katze, die mit stoischer Ausdauer stundenlang am Mauseloch auszuharren vermag, um auf ihre Beute zu warten."

Schach
spielend leicht
kombinieren

Training
mit
ALEXANDER
KOBLENZ

SPORT
VERLAG

VIERTE TRAININGSSTUNDE

■ Merken Sie sich: Bei der Lösung einer Aufgabe ist es wichtig, daß Sie schrittweise Ihren Plan fassen, also zunächst danach trachten, den schwarzen König nicht aus dem Mattnetz entschlüpfen zu lassen, dann eventuell die Drohung erspähen und die Gegenaktion der schwarzen Figuren im Keime ersticken, die bereit sind, das Mattnetz zu zerreißen. In den folgenden Zweizügern habe ich mit Absicht Ihre Aufgabe erschwert, indem in der Lösung verwickeltere Varianten eingefügt sind. Es wäre gut, wenn Sie imstande wären, auch diese Aufgaben vom Blatt zu lösen.

19

20

Aufgabe 21:
Weiß: ♔f3, ♕h2, ♖e4, ♖e1, ♗g1, ♗h1, ♘a2, ♙c2, d2, e6 (10)
Schwarz: ♚d5, ♝a5, ♞b6, ♟c6, d7, f6 (6)

☐ Weiß ist jeweils am Zuge!

Vergleichen Sie bitte Ihre Lösungen!

Aufgabe 19:

1. ♗e6–h3! ...

Droht 2. ♖e6 matt. Eigenartig, daß Schwarz nach Abwendung der Drohung die mattgebenden Figuren entfesselt.

a) 1... ♗e8–d7
   2. ♘e7–g6 matt
b) 1... ♗e8–f7
   2. ♘e7–c6 matt
c) 1... ♘a4–b6
   2. ♖d4–e4 matt
d) 1... ♘a4–c5
   2. ♖d4–d5 matt

Aufgabe 20:

1. ♗g6–f7! ...

Zugzwang – Schwarz muß ziehen, jedoch jeder Zug führt zum Matt.

a) 1... Td6–c6
   2. ♘a3:b5 matt
b) 1... ♗d7–c6
   2. ♕a8–a7 matt
c) 1... ♖d6–e6
   2. ♘g3–f5 matt
d) 1... ♗d7–e6
   2. ♗g7:f6 matt

Aufgabe 21:

a) 1. ♖e4–h4 d7:e6
   2. ♔f3–e2 matt
b) 1... c6–c5
   2. ♔f3–f2 matt
c) 1... d7–d6
   2. ♔f3–g3 matt
d) 1... ♘b6–c4
   2. ♔f3–g4 matt!

Eine Rekordleistung des Königs – ausgerechnet nach seinem Abzug folgte in allen Varianten das Matt!

Praktische Winke

In dieser Stunde stelle ich mir nun das Ziel, Ihre analytischen Fähigkeiten praktisch zu entwickeln, die Sie auch selbst durch eigenes neues Material fördern können. Ehe wir – wie schon bemerkt – eine Stellung einer Einschätzung unterziehen, versuchen wir vorerst, ihre statischen Eigenarten ins Auge zu fassen, wobei die typischen positionellen Eigenschaften herausragen. Eine geschwächte oder unsichere Stellung des Königs beispielsweise ist für uns ein wichtiger Fingerzeig, den Plan für die praktischen Züge aus dieser Situation zu entwickeln. Wichtig ist, daß dieser analytische Vorgang stellungsgemäß und objektiv vonstatten geht. Mittels einer analytischen Durchleuchtung gelingt es nämlich, tief in das Wesen der Stellung einzudringen, den strategischen und taktischen Inhalt zu erkennen und die Vielfalt der Pläne, Kombinationen und Ideen ans Licht zu bringen.

■ Ein derartiges Herangehen ist wirklich eine schöpferische Höchstleistung und wird von dem Verlangen angeregt, selbständig zu finden, zu erkennen und zu fühlen, was im „Herzinneren" der Stellung verborgen liegt.

Tests zur dritten Partie

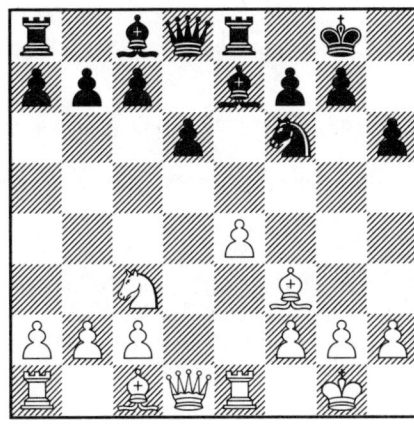

22

☐ Weiß ist jeweils am Zuge!

    ☐ 11.?

23 a) **Weiß:** ♔g1, ♕d1, ♖e1, ♖a1, ♗f3, ♗b2, ♘c3, ♙a2,
       b3, c2, e4, f2, g2, h2 (14)
       Schwarz: ♚g8, ♛d8, ♜e8, ♜a8, ♝c8, ♝f8, ♞f6, ♟a7,
       b7, c7, d6, f7, g6, h6 (14)
    ☐ 13.?

23 b) **Weiß:** ♔g1, ♕c2, ♖e1, ♖a1, ♗e2, ♗b2, ,c3, ♙a2, b3,
       c4, e4, f2, g2, h2 (14)
       Schwarz: ♚g8, ♛g5, ♜e8, ♜a8, ♝g7, ♝e6, ♞e5,
       ♟a7, b7, c7, d6, f7, g6, h6 (14)
    ☐ 19.?

23 c) **Weiß:** ♔g1, ♕c2, ♖e1, ♖a1, ♗b2, ♗e2, ♙a2, b3, d5,
       e4, f2, g2, h2 (13)
       Schwarz: ♚g8, ♛g5, ♜e8, ♜c8, ♝g7, ♞e5, ♟a6, b7,
       c7, d6, f7, g6, h6 (12)
    ☐ 21.?

24 a) **Weiß:** ♔g1, ♕c2, ♖e1, ♖a1, ♗g4, ♙a2, b3, d5, e4,
       f4, g3, h2 (12)
       Schwarz: ♚g7, ♛e7, ♜e8, ♜c8, ♞d7, ♟a6, b7, c7, d6,
       d6, f6, g6, h6 (12)

□ 25.?

24 b) **Weiß:** ♔g1, ♕c2, ♖e1, ♖a1, ♗h5, ♙a2, b3, d5, e4, f4, g3 (11)

Schwarz: ♚g8, ♛e7, ♜g8, ♜c8, ♞d7, ♟a6, b7, c5, d6, f6, h6 (11)

□ 28.?

24 c) **Weiß:** ♔g1, ♕h2, ♖c3, ♖e2, ♗e6, ♙a2, b4, d5, e4, f4, g3 (11)

Schwarz: ♚f8, ♛e8, ♜c7, ♜h8, ♞g6, ♟a6, b5, c4, d6, f6, h6 (11)

□ 36.?

■ Lassen Sie uns zusammen verfolgen, wie Weiß in der folgenden Partie unaufhörlich vor der Lösung neuer Probleme steht, unentwegt die Aufstellung seiner eigenen Kräfte verbessert und die Durchschlagskraft seiner Figuren bis zum fortissimo steigert!

Dritte Partie

Philidor Verteidigung
Pachman – Dunkelblum
Dublin 1957

1.e2–e4	e7–e5
2.♘g1–f3	d7–d6
3.d2–d4	♘g8–f6
4.♘b1–c3	♘b8–d7
5.♗f1–c4	♗f8–e7
6.d4:e5	♘d7:e5

Dieser Zug ist gewissermaßen als ein Zugeständnis an den Anziehenden zu werten. Schwarz gibt die Kontrolle über den wichtigen Zentralpunkt d4 auf, während 6… d:e5 diese Aufgabe erfüllen würde. Derartige Unterlassungen können zwei Gründe haben: Vielleicht wollte der Nachziehende sich nicht auf folgende theoretische Fortsetzung einlassen: 6… d:e5 7.♗:f7+ ♔:f7 8.♘g5+ ♔g8 9.♘e6 ♕e8 10.♘:c7 ♕g6 mit scharfem Spiel. Mag sein, daß der Nachziehende deshalb mit seiner "untheoretischen" Wendung den Gegner zwingen wollte, die entstehenden Probleme selbständig am Brett zu lösen. Der Textzug ist aber als eine positionelle Unterlassung aufzufassen, obwohl deren Folgen vorläufig selbstverständlich nicht vorauszusehen sind.

■ Am besten ist es, dem Gegner in jeder Phase des Kampfes nicht die geringsten Chancen einzuräumen bzw. dafür gewisse Trümpfe als „Gegenleistung" zu bekommen.

7.♗c4–e2	♘e5:f3+

Nach 8.♘d4 und f2-f4 würde der Springer aus seiner Vorpostenstellung früher oder später verdrängt werden. Nach diesem Tausch erhält Weiß jedoch eine feste Kontrolle über den Punkt d5.

8.♗e2:f3	0–0
9.0–0	♖f8–e8
10.♖f1–e1	h7–h6

Schwarz beabsichtigt, die Wirkungssphäre seines Läufers zu vergrößern und will nach ♗f8, ♗g7 von der Fesselung ♗g5 nicht gehemmt werden.

11.b2–b3! ...

■ Es ist eine besondere Kunst (sei es Weitsicht oder Intuition), das Vorhaben des Gegners zeitig zu erkennen und entsprechende Gegenmaßnahmen zu ergreifen. Weiß fianchettiert also auch seinen Läufer, um dem Druck des Gegners auf der Diagonale a1–h8 entgegenzutreten.

11...	♗e7–f8
12.♗c1–b2	g7–g6

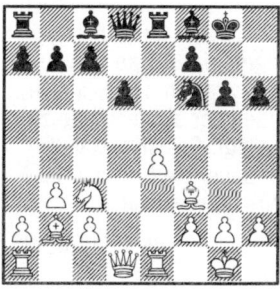

23

13.♘c3–b5! ...

Mit Hilfe einer kleinen taktischen Drohung – ♗:f6 ♕:f6 und ♘:c7 – gelingt es Weiß, seinen Druck im Zentrum zu verstärken.

13... ♗f8–g7
14.c2–c4! ...

Hemmt jedweden Befreiungsversuch mittels d6–d5.

14... a7–a6
15.♘b5–c3 ♘f6–d7
16.♕d1–d2 ♕d8–g5
17.♕d2–c2 ...

Da Weiß aggressive Handlungen beabsichtigt, vermeidet er den Damentausch.

17... ♘d7–e5
18.♗f3–e2 ♗c8–e6
19.♘c3–d5! ...

■ Merken Sie sich den positionellen Vormarsch, falls Sie die Öffnung einer Linie anstreben – Sie postieren auf der Vorpostenstellung einen Springer, dessen Druck gefährlich wird, da er befähigt ist, mit seinem „Hufschlag" das Hinterland des Gegners zu erreichen und zu vernichten – der Gegner ist mithin gezwungen, das kecke Roß zu schlagen, wonach die Linie sich zu Gunsten der aktiven Seite zu öffnen pflegt. Selbstverständlich muß ein Bauer die Stellung des Springers unterstützen.

19... ♗e6:d5
20.c4:d5 ...

Der sichtbare positionelle Vorteil des Anziehenden ist eingetreten:

Weiß erhält Druck auf der halboffenen c-Linie.

20... ♖a8–c8
21.g2–g3! ...

Unterstreicht die Folgen der Unterlassung im frühen Partiestadium – die starke Stellung des Springers auf e5 erweist sich als illusorisch, da er von diesem Punkt verdrängt werden kann. Weiß gelingt es dabei nicht nur, seinen Raumvorteil zu vergrößern, sondern nach erzwungenem Läufertausch auf g7 auch, die gegnerische Königstellung zu schwächen. Es ist klar, daß es Weiß gelungen ist, die Initiative zu übernehmen, die er nun mit eisernem Druck unentwegt verstärken wird.

21... ♘e5–d7
22.f2–f4 ♕g5–e7
23.♗b2:g7 ♔g8:g7

■ Das können wir als ein allgemeines Postulat bezeichnen: Nach Verschwinden des fianchettierten Läufers ist die Königstellung geschwächt.

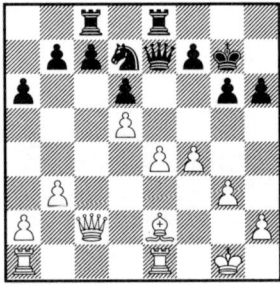

24

46

24. ♗e2–g4! ...

■ Auch derartige Züge gehören ins Kampfarsenal des Angreifers – den Gegner mit permanenten Drohungen zu zwingen, neue eigene Schwächen zu erzeugen. Weiß will mit e4–e5 die Demarkationslinie überschreiten, was den Nachziehenden völlig einschnüren würde. Darum ist der folgende Hemmungszug des Nachziehenden erzwungen.

24... f7–f6

Der Textzug schwächt nicht nur die Bauernstellung des Königsflügels, sondern – was noch wichtiger ist – er läßt eine chronische Schwäche auf e6 entstehen. Kein Wunder, daß Weiß jetzt den Plan verfolgt, die unsichere Stellung des gegnerischen Königs auszunutzen, um den entscheidenden Angriff einzuleiten. Zu diesem Zweck greift der Anziehende zu einer typischen Maßnahme – mit dem Vorschub des Randbauern wird die Bauernfront des Gegners noch mehr untergraben.

25. h2–h4! ...

■ Ausgezeichnet! Die Idee dieses Zuges sollte Ihnen bekannt sein, falls Sie die vorhergehenden Beispiele aufmerksam studiert haben.

25... c7–c5
26. h4–h5 g6:h5
27. ♗g4:h5 ♖e8–g8

Schwarz hoffte, eventuell einen Gegendruck auf der g-Linie zu erlangen. Derartige Vorhaben haben allerdings ohne Unterstützung anderer Streitkräfte keine Chance und tragen formellen Charakter.

28. ♕b2–h2! ...

Nachdem die Stellung des Gegners geschwächt und aufgelockert ist, kommen die schweren Geschütze zu Wort.

28... c5–c4
29. b3–b4 ...

Auch eine offensichtliche, aber typische Reaktion – der Gegner ist bestrebt, eine Linie zu öffnen, sein Widersacher will aber die Linie geschlossen halten. Allerdings muß er nun die Entstehung eines gegnerischen Freibauern in Kauf nehmen.

29... ♖c8–c7
30. ♗h5–g4 ...

Eine wichtige Umgruppierung – auf h5 stand der Läufer sehr „schön", jedoch auf f5 wird er eine viel bedrohlichere Wirkung haben.

30... ♘d7–f8
31. ♖a1–c1 ♖g8–h8

Es ist Stille vor der Schlacht! Mit seinen letzten Zügen versuchte Schwarz, seine Königsstellung zu sanieren.

32. ♖c1–c3! ...

Der gegnerische Freibauer muß frühzeitig blockiert werden. Der Turm, der diese Aufgabe übernimmt, wird freilich über die dritte

Horizontale auch die Möglichkeit haben, sich leichter in den Kampf einschalten zu können.

32... ♘f8–g6
33. ♖e1–e2 b7–b5
34. ♗g4–f5! ♕d7–f7
35. ♗f5–e6 ♕f7–e8
36. ♕h2–h3! ...

Zur Unterstützung des Läufers verläßt die Dame ihre Hinterhaltsstellung.

36 ♔g7–f8

Der schwarze König will zum Damenflügel flüchten, jedoch ist es schon viel zu spät. Der folgende Bauerndurchbruch im Zentrum führt zur Entblößung des Monarchen.

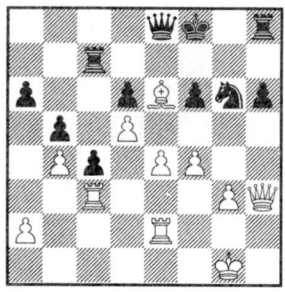

25

37. e4–e5! f6:e5
38. f4:e5 d6:e5

Falls 38... ♘:e5, so 39. ♖:e5 d:e5 40. ♖f3+ ♔g7 41. ♕f5. Hier in dieser Variante, bestätigt sich Emanuel Laskers Feststellung, daß das positionelle Spiel die Kombination vorbereitet. Es folgt jetzt eine kurze Agonie.

39. ♖c3–f3+ ♔f8–e7

40. ♗e6–f7 ♕e8:f7
41. d5–d6+! ♔e7:d6

25a

42. ♖e2–d2+! ...

Alle Figuren tragen ihren Teil zur Erringung des Sieges bei. Brav haben die Bauern gekämpft und enorm die Entblößung des schwarzen Königsflügels gefördert.

42... ♔d6–e7
43. ♖f3:f7+ ♔e7:f7

Jetzt ist der schwarze Monarch völlig entblößt und wird wie – gewöhnlich in solchen Fällen – schnell das Opfer der Schwerfiguren.

44. ♕h3–f5+ ♔f7–e7
45. ♕f5:g6 c4–c3
46. ♕g6–d6+ ♔e7–e8
47. ♕d6:e5+

Mit diesem „Familienschach" sind alle drei Figuren angegriffen.

Schwarz gab auf.

FÜNFTE TRAININGSSTUNDE

Es ist eigenartig, daß viele Prakti-ker dem Lösen von Mattaufgaben nicht die genügende Aufmerk-samkeit schenken. Bieten uns nicht die Probleme großen ästhe-tischen Genuß, lassen sie unser Herz nicht vor Entzücken höher schlagen?

■ Ubrigens, auch wenn ich mich wiederholen sollte: Vom pragmati-schen Standpunkt aus gesehen, bilden ausgerechnet die Pro-bleme ein ausgezeichnetes Mate-rial, die Rechentechnik zu vervoll-kommnen und die Phantasie zu inspirieren.

■ In den folgenden Problemen setzt Weiß jeweils in drei Zügen Matt!

26

27

Aufgabe 28: Weiß: ♔e7, ♕g2, ♘e4, ♙b5, b3, c2, d4, f2 (8)
Schwarz: ♚d5, ♞a4, ♟b6, g4, h4 (5)
■ Bitte unbedingt alle Varianten angeben!

Vergleichen Sie bitte Ihre Lösungen!

Aufgabe 26:
1.♘f2–g4+   ...

Es ist nicht üblich, daß eine Lösung mit einem unverzüglichen Schachgebot beginnt, dieser Einleitungszug führt jedoch zu prachtvollen Varianten.

a) **1...**   ♔g2–h3
    2.♘g4–h2!   g3:h2
    3.♕b2–h8 matt

b) **1...**   ♔g2 h1
    2.♕b2–h2+!   g3:h2
    3.♘g4–f2 matt

c) **1...**   ♔g2–f3
    2.♕b2–c2   ...

Bringt Schwarz in Zugzwang – der g-Bauer muß ziehen und blockiert das Feld g2.

    2...   g3–g2
    3.♕c2–d3 matt

d) **1...**   ♔g2–f1
    2.♖g8–a8 mit nachfolgendem ♖a1 matt

Aufgabe 27:
1.♗b2–a3!   ...

Ein schwer zu findender Zug – gibt das Feld d4 frei, ist aber mit einer versteckten Mattkonstruktion verbunden.

a) **1...**   ♔e4–d4
    2.♖f5–c5!   g5–g4
    3.c2–c3 matt

b) **1...**   g5–g4
    2.♗a3–c5!   g4–g3
    3.f2–f3 matt

28

Aufgabe 28:
Die Lösung ist mit einer versteckten Drohung verbunden:

1.♕g2–g1!

Weiß droht 2.f3 g:f3 3.♘f6 matt.

a) **1...**   ♔d5:d4
    2.♔e7–d6   ♔d4:e4
    3.♕g1:g4 matt

b) **1...**   ♘a4–c3
    Blockiert das Feld c3!
    2.♘e4–f6+   ♔d5:d4
    3.f2–f4 matt

Praktische Winke

Sie haben sich schon von der großen praktischen Bedeutung der analytischen Fähigkeiten überzeugen können. Es ist gleichzeitig einleuchtend, daß im frühen Eröffnungsstadium, wo dem Gegner mannigfaltige Möglichkeiten offenstehen, wir nicht jeden Zug einer konkreten, ausführlichen Analyse unterziehen können. Ebenso wie bei der Festlegung eines strategischen Planes. Wir müssen uns dabei auf Kurzvarianten stützen.

■ Ich möchte an dieser Stelle auf die Ihnen gewiß bekannten Gesetzmäßigkeiten der Eröffnungsphase hinweisen:
1. Die schnelle Entwicklung
2. Die aktive Bewegungsfreiheit der Kräfte
3. Der Raumvorteil
Gewöhnlich spielt sich dieser Prozeß, wie Sie sofort erkennen werden, hauptsächlich im Zentrum, der strategischen Höhe des Schachbrettes, ab.

■ Gewisse assoziative Anhaltspunkte, sich im bevorstehenden Kampf zu orientieren, erhalten wir von den Bauernformationen, die sich im Eröffnungsstadium ergeben. Das erlaubt uns, ohne tiefschürfende Analyse die Synthese zu erhalten, was günstig oder ungünstig ist, in welche Richtung wir den Kampf im Mittelspiel lenken werden.

■ Um sich nicht im Urwald der strategischen Möglichkeiten zu verirren, würde ich Ihnen vorschlagen, vorerst drei Grundformationen der zentralen Bauernstellungen zu berücksichtigen:
1.) Das mobile Bauernzentrum
2.) Das geschlossene Bauernzentrum
3.) Das Vorhandensein einer zentralen, offenen Linie (bei fixierter Bauernstellung)
Wie sich die allgemeine positionelle Spielführung im weiteren Verlauf auswirkt und wie sich die Wechselbeziehung der Stellungseinschätzung und der Variantenberechnung äußert, wollen wir jetzt gemeinsam untersuchen.

1. Das mobile Bauernzentrum

Nach den Zügen

1.d2–d4	d7–d5
2.c2–c4	♞g8–f6
3.c4:d5	♞f6:d5
4.♞g1–f3	e7–e6
5.e2–e4	♞d5–f6

entsteht folgende Stellung des Damengambits:

29

So eine Bauernstellung trägt einen aggressiven Keim in sich, das heißt, es dominiert die Tendenz, mit dem Bauernvorstoß die Demarkationslinie zu überschreiten. Manchesmal ist damit das Ziel verbunden, mittels d4-d5 einen gefährlichen Freibauern im Zentrum zu installieren, ein andersmal wird der e-Bauer zu Angriffszwecken vorgestoßen. Letzteren Fall illustriert das folgende Beispiel. Dabei bin ich mir allerdings bewußt, daß der Nachziehende nicht besonders „berühmt" gespielt hat. Trotzdem erhalten Sie gerade hier einen klaren Überblick, welche weittragenden Folgen die strategische Unterlassung 2... ♘f6 nach sich zieht.

6. ♗f1–d3	♗f8–b4+
7. ♘b1–c3	b7–b6
8. 0–0	♗c8–b7
9. ♕d1–e2	0–0
10. e4–e5	♘f6–d5
11. ♗d3:h7+!	♔g8:h7
12. ♘f3–g5+	♔h7–g8
13. ♕e2–h5	...

Die Variantenberechnung ist kinderleicht. Weiß operiert mit Keulenschlägen, wobei alles forciert verläuft und der Gegner keine Wahl hat, den Drohungen des Gegners entgegenzuwirken.

13...	♖f8–e8
14. ♕h5:f7+	...

Vorerst muß die Königsstellung entblößt werden, also wird der Bauernschutz vernichtet!

14...	♔g8–h8
15. ♕f7–h5+	♔h8–g8
16. ♕h5–h7+	♔g8–f8
17. ♕h7–h8+	♔f8–e7
18. ♕h8:g7 matt!	

In der folgenden sehr lehrreichen Partie mißlang der Versuch des Nachziehenden, die Stellung im Zentrum zu stabilisieren, und das Überschreiten der Demarkationslinie mit dem e-Bauern führte nicht nur zu Raumverlust, sondern schlug gleichzeitig in einen vernichtenden Königsangriff über. Aber beginnen wir zunächst mit etlichen Tests zu dieser Partie.

Tests zur vierten Partie

☐ **Weiß ist jeweils am Zuge!**

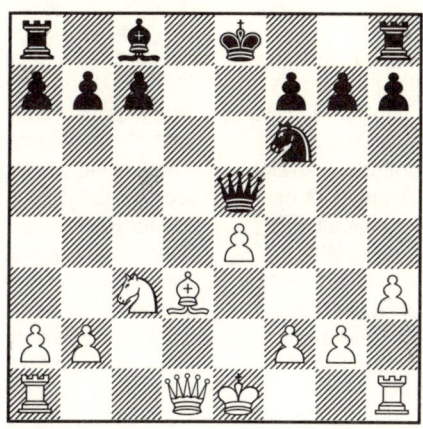

30

☐ **13.?**

30 a) **Weiß:** ♔e1, ♕d2, ♖a1, ♖h1, ♗d3, ♘c3, ♙a2, b2, e4, f2, g2, h3 (12)
Schwarz: ♚e8, ♛e5, ♜a8, ♜h8, ♝d7, ♞f6, ♟a7, b7, c7, f7, g7, h7 (12)
☐ **14.?**

30 b) **Weiß:** ♔c1, ♕e3, ♖d1, ♖h1, ♗d3, ♘c3, ♙a2, b2, e4, f4, g2, h3 (12)
Schwarz: ♚g8, ♛e5, ♜f8, ♜a8, ♝c6, ♞f6, ♟a7, b7, c7, f7, g7, h7 (12)
☐ Wie würden Sie nach 16... ♛a5 spielen?

31 a) **Weiß:** ♔c1, ♕g5, ♖d1, ♖e1, ♗d3, ♘c3, ♙a2, b2, e5, f6, g2, h3 (12)
Schwarz: ♚g8, ♛f8, ♜d8, e8, ♝c6, ♞d5, ♟a7, b7, c7, f7, g7, h7 (12)
☐ **22.?**

31 b) **Weiß:** ♔b1, ♕g5, ♖e1, ♗c4, ♙b2, e5, g2, g7, h3 (9)
Schwarz: ♚g8, ♛e8, ♜d8, ♝c6, ♞a2, ♟a7, b7, c7, f7, h7 (10)
☐ **26.?**

Ehe wir mit dem Nachspielen der folgenden Partie beginnen, möchte ich kurz meinen methodischen Standpunkt zur Aneignung der Eröffnungstheorie bekunden. Viele Schach-„Aufsteiger" machen den Fehler, daß sie bei diesem Prozeß den „Stier sofort an den Hörnern packen" wollen, d. h. sie beginnen direkt aus dem Stegreif die Eröffnungsvariante „einzuochsen", ohne den Ideengehalt der Variante erkannt zu haben. Oft wird aber die auf diese Weise erlernte Zugfolge in einem Turnier oder Match plötzlich widerlegt oder ist unmodern, und das erworbene Wissen erweist sich als unnützer Ballast …

Oder ein anderer Fall: Der Spieler X will sich im Bereich der Eröffnungstheorie unter Leitung eines Trainers vervollkommnen. Anstatt jedoch schrittweise die Ideen der Eröffnungen kennenzulernen, ist er rein pragmatisch eingestellt, will nicht den Dingen auf den Grund schauen und verlangt vom Trainer fertige „Rezepte". Als Anziehender will er in der Eröffnung schon einen Vorteil verbuchen können, als Nachziehender vor jeder Überraschung sicher sein. Letzteres ist vom psychologischen Standpunkt her erklärlich – es ist das den Spieler begleitende Angstgefühl, mit den schwarzen Steinen in eine schlechte Stellung zu geraten. Mit den weißen Steinen zu spielen, wirkt halt irgendwo beruhigender. Oft entsteht bei der Wahl der Eröffnung die Frage:

Soll ich universell alles spielen oder mich mit etlichen bis ins i-Tüpfelchen präparierten Varianten begnügen? Im Prinzip wäre gegen die Universalität nichts einzuwenden, weil sie sowohl den Horizont erweitert als auch global das Spielverständnis des Schach – „Aufsteigers" verbessert. Aber alles auf so eine Weise tief genug zu erfassen, erweist sich praktisch als unmöglich und ist nur auf der Basis einer kolossalen Oberflächlichkeit denkbar, was allerdings ganz untauglich wäre. Botwinnik hat seinerzeit eine rationale Technik angewandt: auf 1.d2–d4 spielte er ausschließlich 1… e7–e6, und falls der Gegner nun 2.e2–e4 zog, so folgte mit 2… d7–d5 die Französische Verteidigung. Auf 2.c2–c4 hingegen lenkte er mit 2… f7–f5 in die Holländische Verteidigung ein. Aber dieses System hat folgende Nachteile: Nicht jedem behagt es, seine Möglichkeiten derart streng zu begrenzen. Die sich immer wieder ergebenden Varianten erwecken ein Gefühl der Langeweile, alles kann leicht Schablone werden und die kreative Freude am Schaffensprozeß (allerdings ist dieser Tatbestand bei Profis auf hohem Niveau unvermeidlich) geht verloren. Außerdem erleichtert die fortwährende begrenzte Eröffnungswahl den Gegnern ihre theoretische Vorbereitung. Wie leicht zu erkennen ist, befindet sich der aufsteigende Schachspieler in einem Teufelskreis. Auch die mit

Wisssen gespickten Theorie-
bücher der Gegenwart garantieren keinen Ausweg. Es handelt
sich in der Tat um ein höchst
kompliziertes Problem, auf dessen Lösung wir noch warten. Vorläufig werden uns von den Theo-
retikern „freundlichst" Varianten-
pakete zum Büffeln vorgelegt.
Wie dem auch sei – es ist ein
Thema zum Nachdenken für Spieler aller Klassen …
Verzeihen Sie mir bitte diese
Abschweifung, aber wissen Sie,
diese Gedanken „gärten" schon
lange in meinem Bewußtsein – aus
verständlichen Gründen kann ich
hier nicht auf alle diese Probleme
weiter eingehen, aber vielleicht
gelingt mir dies in Zukunft …
Also, zurück zu unserer Partie.

Vierte Partie
Damenbauereröffnung
Aljechin – Marshall
New York 1924

1.d2–d4   d7–d5
2.c2–c4!   …
■ Eine empfehlenswerte Strategie – schon mit seinem zweiten
Zug zwingt Weiß den Gegner,
wichtige Stellungsprobleme zu
lösen! Wesentlich dabei ist, daß
ein derartiges Vorgehen mit konkreten Drohungen – sei es strategischer oder taktischer Natur –
verbunden sein muß. In unserem
Fall ist es so:
Erstens will Weiß den Gegner von
der Kontrolle des zentralen Punktes e4 ablenken. Zweitens ist der
Bauernzug mit der strategischen
Drohung 2.c:d5 ♛:d5 3.♘c3
verbunden. Damit hätte Weiß seinen Springer mit Tempogewinn
entwickelt und kann nach dem
Rückzug der schwarzen Dame
durch das raumgreifende e2–e4
schon in einer sehr frühen Eröffnungsphase totalen positionellen
Vorteil erlangen. Das ist übrigens
auch der Grund, warum Schwarz
gewöhnlich 2… e7–e6 oder 2…
c7–c6 spielt.

2…   ♘g8–f6?

Der Textzug entwickelt zwar eine
Figur, löst jedoch nicht das Zen-
trumsproblem.

3.c4:d5   ♘f6:d5
4.e2–e4   …

Folgerichtig, jedoch etwas zu
stürmisch. Die Theorie empfiehlt
vorerst 4.♘f3, um e7–e5 zu verhindern und erst dann e2–e4 folgen zu lassen.

4…   ♘d5–f6
5.♗f1–d3   …

Eine naive Falle, die aber eher in
Simultanvorstellungen gegen
schwächere Gegner durch-
schlägt: 5… ♛:d4??, und nach
dem Abzugsschach 6.♗b5+ verliert Schwarz die Dame.

5…   e7–e5
6.d4:e5   ♘f6–g4
7.♘g1–f3   …

Das krampfhafte Bemühen, den
Mehrbauern mit 7.f2–f4 zu behalten, hätte Schwarz durch 7…
♗c5 8.♘h3 ♛h4+ und 0–0

nachhaltiges Gegenspiel gesichert. Weiß wählte jedoch einen richtigen Entwicklungsplan – der Mehrbauer wird einfach zurückgegeben. Das sichert dem Anziehenden einen vielleicht nicht durchschlagenden, aber doch deutlichen Stellungsvorteil.

7... &b8–c6
8. &c1–g5! ...

Richtig gespielt! Die schnelle Entwicklung hat in der Eröffnung Vorrang. Allerdings kann man es sich in den sogenannten geschlossenen Eröffnungen, wo die Kräfte nicht gleich aufeinanderprallen, erlauben, die eigenen Figuren langsam umzugruppieren. Auch hier wäre die Verteidigung des Bauern e5 mit 8. &f4 wegen 8... &b4 nicht ratsam.

8... &f8–e7
9. &g5:e7 &d8:e7
10. &b1–c3 &c6:e5
11. &f3:e5 &e7:e5

Vielleicht wäre 11... &:e5 vorzuziehen, jedoch früher oder später würde Weiß mit f2–f4 den Springer vertreiben.
■ Vergleichen Sie den Spielverlauf einer analogen Situation anhand der dritten Partie!

12. h2–h3 &g4–f6
13. &d1–d2! ...

■ Hier können wir den Unterschied einer schablonenhaften und einer konkret schöpferischen Einstellung bei der Wahl eines Zuges feststellen!

So wäre der „normale" Entwicklungszug 13.0–0 eine schablonenhafte Entscheidung. Obwohl im Prinzip stichhaltig – man kann doch nichts gegen einen normalen Entwicklungszug einwenden, zumal der König nach der Rochade aus der zentralen Gefahrenzone verschwindet – könnte Schwarz jetzt stark 13... g7–g5! spielen, was den Vorstoß des f-Bauern hemmt.

Der Vorteil des in der Partie gespielten feinen Damenzuges besteht darin, daß Weiß sich für die lange Rochade entscheiden kann, wonach der Bauernvorstoß g7–g5 schon gewagt wäre.

13... &c8–d7

Auch Schwarz bereitet die lange Rochade vor, wonach g7–g5 schon folgen könnte. Derartige „Untergrundstendenzen" sind nicht offensichtlich, spielen jedoch eine gewichtige Rolle in den noch unter der „Eisdecke" schlummernden positionellen Teilplänen.

14 &d2–e3! ...

■ Ein bescheidener, aber besonders lehrreicher Zug!

Er hemmt die von Schwarz beabsichtigte lange Rochade und schränkt zugleich die Bewegungsfreiheit der gegnerischen Dame ein. Hierin äußert sich die große Bedeutung der Hemmungsstrategie. Sie kann auch negative psychologische Nebenwirkungen auslösen. Das Bewußtsein, daß der Gegner dich an deinem Vorhaben augenscheinlich hindert, hemmend entgegenwirkt, kann der schöpferischen Stimmung einen schweren Schlag versetzen, ja bisweilen sogar die Lust am Weiterspielen verderben.

14...   ♗d7–c6
15.0–0–0   0–0

Selbstverständlich ist hier die kurze Rochade mit einem gewissen Risiko verbunden, doch früher oder später müßte Schwarz seinen König ohnehin aus der Zentrumszone entfernen.

16.f2–f4   ...

Mit diesem Aufzug setzt sich die zentrale weiße Bauernmasse in Bewegung.

16...   ♛e5–e6

Die schwarze Dame möchte auf jeden Fall in der Nähe des Königsflügels bleiben. Nichts Gutes konnte Schwarz auch von 16... ♛a5 erwarten. Danach heimst Weiß mittels einer Eroberungskombination einen Bauern forciert ein: 17.e5 ♘d5 18.♘:d5 ♗:d5 19.♗:h7+ ♔:h7 20.♛d3+ nebst ♛:d5.

17.e4–e5   ...

Das Ihnen schon bekannte strategische Bild: Die Demarkationslinie wird überschritten.

17...   ♖f8–e8
18.♖h1–e1   ♖a8–d8
19.f4–f5!   ...

■ Es wird immer gefährlich, wenn die Bauern, unterstützt von

ihren Figuren, in Reih und Glied vorrücken.

19...   ♛e6–e7

Die Dame muß kleinmütig und sicherlich betrübt zurückweichen ...

20.♛e3–g5!   ♘f6–d5
21.f5–f6!   ♛e7–f8

31

22.♗d3–c4!   ...

■ Ich hoffe, daß Sie sich die Bedeutung derartiger Züge schon fest eingeprägt haben. Auch hier handelt es sich um das wichtige Prinzip, unsere Figuren unentwegt auf aktivere Positionen hinüberzuführen. Von c4 aus erweist sich der Druck des Läufers auf der Diagonale c4–f7 bald als entscheidender Faktor.

22...   ♘d5:c3

Das Pikante ist, daß beide Partner sich gegenseitig mit Zwischenzügen bekämpfen.

23.♖d1:d8   ♖e8:d8
24.f6:g7!   ♘c3:a2+

Auch dieser Zwischenzug rettet die Partie nicht. Nach 24... ♛e8 gewinnt Weiß mittels 25.♗:f7+ ♚:f7 26.♖f1+ ♚e6 27.♖f6+ ♚d5 28.♖f8.

Ich glaube, David Bronstein hatte einst folgenden Rat erteilt:

■ Man muß jeder Figur die Frage stellen: Welche nützliche Arbeit wäre sie befähigt zu leisten? Welche Hilfe benötigt sie seitens anderer Figuren, und welche Hilfe kann sie selbst geben?

Was die Leistungsfähigkeit der schwarzen Dame in unserer Partie anbetrifft, so erweist sie sich in ihrer Verteidigungsfunktion überlastet – sie kann nicht gleichzeitig nach 25.♗:f7+ den Punkt f7 und den Turm d8 decken. Sie ist einfach nicht in der Lage, „nützliche Arbeit" zu leisten.

25.♚c1–b1	♛f8–e8

26.e5–e6! ...

■ Derartige Vorstöße der Bauern eignen sich wunderbar, um die Zugstraßen für die eigenen Figuren zu öffnen!

Hier erweist sich der Textzug als entscheidender Dolchstoß.

26...	♗c6–e4+

Nach 26... f:e6 27.♖:e6 wäre das drohende Abzugsschach vernichtend.

27.♚b1–a1	f7–f5
28.e6–e7+	♖d8–d5
29.♛g5–f6	♛e8–f7
30.e7–e8♛+	

Schwarz gab auf.

Ich glaube, daß der Reiz des Schachspiels nicht zuletzt darin besteht, daß halt nicht alles Gold ist, was glänzt. Sehen Sie, wir haben uns zu Genüge von dem positionellen Vorteil eines mobilen Bauernzentrums überzeugen können. Es muß aber ebenso darauf hingewiesen werden, daß der Aufbau eines Bauernzentrums seinem Besitzer auch eine gewisse Verantwortung auferlegt, denn ausgerechnet dieses Zentrum kann zum Angriffsobjekt des Gegners werden, der es unterminieren und vernichten will. Im folgenden Beispiel bemerkte der Anziehende nicht, daß er einen mächtigen Bauernblock im Zentrum auf Kosten einer vernachlässigten Entwicklung aufgebaut hatte. In einer Partie zu diesem Thema geschah folgendes:

1.e4 e5 2.f4 d5 3.e:d5 e4 4.d4 ♞f6 5.c4 b5 6.b3 ♗b4+ 7.♗d2 a5 8.a4 b:c4 9.b:c4 0–0 10.♞a3 c6 11.♞c2 e3! 12.♗:b4 a:b4 13.♗e2 ♖e8 14.♚f1 b3! 15.♞e1 ♞e4 16.♞d3 ♞d2+ 17.♚e1 ♛a5 18.g4 ♗a6 19.♖c1 c:d5

Weiß gab auf.

■ Weiß war der psychologische Fehler unterlaufen, dem Vorteil eines Bauernzentrums stereotyp zu vertrauen. Derartige dogmatische Vorstellungen sitzen uns Schachspielern tief in den Knochen. Kritisches Schürfen und feines intuitives Einfühlen in die Stellung hilft dem Spieler jedoch, den wahren Sachverhalt zu erkennen und schablonenhaftem Spiel aus dem Weg zu gehen.

SECHSTE TRAININGSSTUNDE

Was die Fähigkeit des Analysierens anbetrifft, so stellt das Lösen von Studien größere Anforderungen. Einerseits gibt uns das begrenzte Figurenmaterial wichtige Fingerzeige, andererseits sind wir hier Zeugen einer großen Vielfalt von versteckten Ideen und Forderungen – da gilt es, den Sieg zu erzwingen, an unserer Stelle die Rettung in den Remishafen zu finden. Dazu muß man nicht nur die Gesetzmäßigkeiten der Endspiele kennen, sondern auch ein hohes Niveau der Rechentechnik beweisen und nicht zuletzt Phantasie zeigen. Das Lösen von Studien ist nicht auf den ersten Hieb erlernbar, jedoch fleißiges, regelmäßiges Training schafft wirklich wahre Wunder.

■ Die Fähigkeit, Studien zu lösen, steht im engen Verhältnis zur potentiellen Stärke eines Schachspielers. Viele meiner Freunde, wie die Großmeister Flohr, Lilienthal, Löwenfisch und Furman lösten die schwierigsten Studien in kürzester Zeit. Einst kam ich zu Kortschnoi – er brütete über einer Endspielstellung. „Was", fragte ich, „eine Hängepartie?" „Nee", antwortete der Großmeister, „ich bin beim Lösen einer Studie." Hat „Viktor der Schreckliche" dabei den Grundstein zu seiner so gefürchteten Endspieltechnik gelegt …? Ich will keine weitergehenden Schlüsse ziehen, aber mir scheint das doch eine symptomatische Episode zu sein.

Ehe ich Ihnen Studien zum selbständigen Lösen darbieten werde, wollen wir uns gemeinsam an der Schönheit des folgenden Problems erfreuen.

32

□ Weiß gewinnt!
Beim Lösen der Studie entzückt uns der Umstand, daß wir in der Ausgangsposition nicht fähig sind, die Schlußstellung der Lösung auf den ersten Blick zu erkennen. Nur nach schöpferischem, tiefem Schürfen taucht vor unserem geistigen Auge, einer farbenprächtigen Fata Mor-

gana gleich, die versteckte Idee des Autors auf. Kein Wunder, daß wir Trainer unseren Schützlingen deshalb raten, dem Lösen der Studien große Aufmerksamkeit zu schenken. Seien Sie bitte nicht nur mißmutig und enttäuscht, falls Ihnen die Lösung nicht sofort gelingen sollte. Ich schlage Ihnen in einer solchen Situation folgendes vor: Schauen Sie sich die Lösung an – das bringt auch einen gewissen schöpferischen Nutzen. Allerdings sollten Sie nicht in Ihren ernsthaften Bemühungen nachlassen, selbst den Weg zum Erfolg zu finden. Was diese Studie anbetrifft, so steht Weiß vor zwei schwierigen Aufgaben – er muß seinen Springer retten und gleichzeitig auf den schwarzen Freibauern achtgeben, der bereits die vorletzte Reihe erreicht hat. Auf den ersten Blick eine scheinbar übermenschliche Aufgabe, nicht wahr? Aber als aufmerksamer Leser werden Sie sofort einen wichtigen Anhaltspunkt erspähen – die Randstellung des schwarzen Königs! Er raunt uns auch den ersten Zug ins Ohr…

Vergleichen Sie bitte Ihre Lösung!

Aufgabe 32:
1. ♘a6–c7   a2–a1♘+
2. ♔b3–b2   …
Es scheint, daß die drei Leichtfiguren Weiß den Sieg sicherstellen müßten. Schwarz unternimmt

jedoch einen Versuch, den Gegner vor die Lösung schwieriger Probleme zu stellen.

■ Übrigens ist das ein wichtiges Verteidigungsprinzip in der praktischen Partie – wie kritisch die Lage auch ist, man muß dem Gegner immer die zäheste Verteidigung entgegensetzen!
2…   ♘a1–b3!
Ein auf den ersten Blick unverständlicher Zug …
3. ♔b2:b3   ♗d2–e3!
Deshalb hat Schwarz also seinen Springer geopfert. Nach 4. ♔:e3 erzwingt er infolge der Pattstellung das Remis.
4. ♔g1–h2   ♗e3–g1
Die „Aufdringlichkeit" des Läufers, sich unentwegt „anzubieten", wirkt etwas komisch. Nach 5. ♗g3 ♗f2 oder 5. ♗e5 ♗d4, ♗d6, ♗c5 träumt Schwarz noch immer nach Annahme des Opfers vom rettenden Patt. Nach dem folgenden Zug beginnt allerdings das phantastische Schlußwunder.
5. ♗h2–f4!   …
Ausgerechnet hier!
5…   ♗g1–e3
6. ♘a8–b6!!   …
Einfach entzückend! Schwarz ist verloren. Nach 6… ♗e3:b6 folgt 7. ♗f4–d2 matt; nach 6… ♗e3:f4 entscheidet 7. ♘b6–c4 matt. Falls 6… ♔a5:b6, so gewinnt die Springergabel den Läufer mittels 7. ♘c7–d5+ und ♘:e3 – darum war es auch wichtig, den schwarzfeldrigen schwarzen Läufer auf das Feld e3 zu locken.

Zum selbständigen Lösen!

33

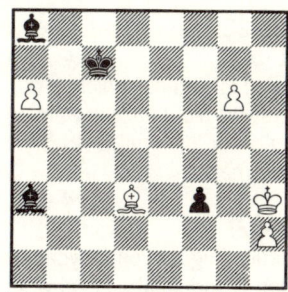

35

☐ Weiß gewinnt!

Die Tendenz, Material zu gewinnen, begleitet uns schon in den ersten Zügen der Partie. Figurengewinn ist auch das Hauptziel in der folgenden Studie.

☐ Weiß gewinnt!
Weiß scheut sich nicht, schwere Opfer zu bringen, um seinen Bauern zu verwandeln.
■ Merken Sie sich dieses Hauptthema eines jedweden Endspieles!

34

☐ Weiß gewinnt!

Vergleichen Sie bitte Ihre Lösungen!

Aufgabe 33:

1.♛h1–b1! ...

Dieser Zug ist offensichtlich. Weiß aktiviert nicht nur die Dame, sondern droht auch mit 2.♛b5+ und ♛d5 matt.

1... ♚c4–d4

2.♛b1–b3!

Dieser stille Zug ist vom psychologischen Standpunkt aus schwer zu finden.

■ Sich auf materielle Verluste bei spärlichem Material einzulassen, erfordert in der Tat ein tiefes Stellungsverständnis.

2... ♛h7:e4+

3.♚c6–d6 ...

Jetzt droht 4.♛c3 matt. Weiß gewinnt, da die Dame den eigenen König aktiv unterstützt.

■ Merken Sie sich das wichtige Grundprinzip: Es gilt stets ein harmonisches Zusammenspiel der Kräfte anzustreben.

3... ♛e4–a8

Nach 3... ♛g2 4.♛c3+ ♚e4 5.♛c6+ und ♛:g2 gewinnt das geometrische kombinatorische Manöver. Jetzt aber beginnt für Weiß eine fröhliche, forcierte Königsjagd.

4.♛b3–e3+ ♚d4–c4

5.♛e3–c3+ ♚c4–b5

6.♛c3–b3+ ♚b5–a6

7.♛b3–a4+ ♚a6–b7

8.♛a4–b5+ ♚b7–c8

Falls 8... ♚a7, so 9.♚c7!

9.♛a4–d7+ ♚c8–b8

10.♛d7–c7 matt.

Aufgabe 34:

1.♗h4–f6+ ♚h8–h7

2.♜g1–g7+ ♚h7–h6

3.♜g7–f7 ...

Vorläufig verlief alles trivial, jedoch mit seinem nächsten Zug beginnt Schwarz, dem Anziehenden technische Schwierigkeiten zu bereiten.

3... ♚h6–g6!

Schwächer ist 3... ♘c6 wegen 4.♗:d8 ♘:d8 5.♜d7, und die Schwäche des weißen Springers auf der letzten Horizontale wird spürbar. Falls 5... ♘c6, so folgt der Doppelangriff mit 6.♜d6+ und ♜:c6, während nach 5... ♘e6 die elementare Fesselung 6.♜d6 entscheidet.

4.♜f7–f8 ♘e7–c6

5.♗f6:d8 ...

Scheinbar ist Schwarz mit seinem Latein am Ende, doch plötzlich unternimmt er noch einen verzweifelten Rettungsversuch.

5... ♚g6–g7

6.♜f8–e8 ♚g7–f7

7.♜e8–h8 ♚f7–g7

8.♗d8–f6+

Der König wird nicht nur abgelenkt, sondern auch in die kritische sechste Horizontale hineingelenkt!

8... ♚g7:f6

9.♜h8–h6+

und der Springer geht verloren.

■ Das geometrische Prinzip hat erfolgreich gewirkt.

Aufgabe 35:

1.g6–g7 ♗a8–d5

2.a6–a7 ...

Keine leichte Aufgabe für den Läufer, beide Umwandlungsfelder unter Kontrolle zu halten. Sofort verliert 2... ♔b7 wegen der Fesselung und Ablenkung nach 3...♗e4!

2... ♗d5–e6+

3.♗d3–f5! f3–f2!

4.♔h3–g2 ♗e6–d5+

5.♗f5–e4! ...

Fehlerhaft wäre 5.♔f1 wegen 5... ♗c5.

5... ♗d5–c4

6.♗e4–d3!

Weiß gewinnt.

Tests zur zweiten Partiestellung

Es gibt Beispiele, deren methodischen Wert ich besonders hochschätze. Zu ihnen gehört das folgende. Wie es Weiß versteht, unentwegt seinen Druck zu verstärken, den Gegner ständig mit Drohungen zu beunruhigen, das hinterläßt fraglos einen starken Eindruck.

■ Versuchen Sie, die einzelnen Züge zu erraten. Falls es Ihnen nicht gelingen sollte, so stellen Sie sich auf dem Brett die nächste Stellung auf und versuchen Sie Schritt für Schritt, zu den gewünschten Ergebnissen zu kommen. Ja, übrigens, es mag sein, daß Sie selbst eine stichhaltige Alternative entdecken. Das wäre sehr schön, weil es Ihnen beweist, daß Sie mit vollem Ernst analysiert haben!

36

□ **Weiß ist jeweils am Zuge!**

□ **19.?**

36 a: Weiß: ♔g1, ♕d3, ♖e1, ♖f1, ♗b3, ♘d4, ♙a2, b2, c3, f2, g2, h2 (13)

Schwarz: ♚g8, ♛d7, ♜f7, ♜a8, ♝d6, ♞e7, ♟a6, b5, c5, f6, h7 (11)

□ **20.?**

36 b: Weiß: ♔g1, ♕d3, ♖f1, ♗b3, ♘f5, ♙a2, b2, c3, f2, g2, h2 (11)

Schwarz: ♚g8, ♛d7, ♜f7, ♜a8, ♝e7, ♟a6, b5, c4, d5, f6, h7 (11)

□ **22.?**

36 c: Weiß: ♔g1, ♕h3, ♖f1, ♗b3, ♘f5, ♙a2, b2, c3, f2, g2, h2 (11)

Schwarz: ♚g8, ♛d7, ♜f7, ♜a8, ♝f8, ♟a6, b5, c4, d5, f6, h7 (11)

□ **24.?**

36 d: Weiß: ♔g1, ♕h4, ♖e1, ♗e8, ♘e7, ♙a2, b2, c3, f2, g2, h2 (11)

Schwarz: ♚h8, ♛c7, ♜b8, ♜d8, ♝g7, ♟a6, b5, c4, d5, f6, h7 (11)

□ **30.?**

37 a: Weiß: ♔g1, ♕h4, ♖e1, ♗f7, ♘e7, ♙a2, b2, c3, f2, g2, h2 (11)

Schwarz: ♚h8, ♛c7, ♜d8, b8, ♝g7, ♟a6, b5, c4, f6, h6, d5 (11)

□ **31.?**

37 b: Weiß: ♔g1, ♕h5, ♖e1, ♗f7, ♘g6, ♙a2, b2, c3, f2, g2, h2 (11)

Schwarz: ♚h7, ♛c7, ♜f8, ♜b8, ♝g7, ♟a6, b5, c4, d5, f6, h6 (11)

Vergleichen Sie bitte Ihre Lösung!

■ Was die Einschätzung anbetrifft, läßt es sich feststellen, daß das schwarze Bauerngerüst auf dem Königsflügel geschwächt ist, so daß der Punkt f5 zum Angriffsziel wird. Daraus entspringt der Plan diesen Punkt zu erobern, sei es auch mit Hilfe eines Qualitätsopfers.

19.♘f3–d4!   c6–c5

Es drohte 20.♘e6, womit Weiß die zweite Schwäche im Lager des Gegners ausnutzen kann – das Feld e6. Jetzt muß der Anziehende aber energisch handeln, weil die Bauerngabel c5–c4 droht.

20.♖e1:e7!   ♗d6:e7
21.♘d4–f5   c5–c4
22.♕d3–h3!   …

Ein wichtiger Zwischenzug – nun geht nicht 22... c:b3 wegen 23.♘f5–h6+ und ♕:d7. Beachten Sie die Doppeldrohung!

23...   ♗e7–f8
24.♗b3–d1!   …

Jetzt werden bei Schwarz die Schwächen der weißen Felder sichtbar.

24...   ♕d7–c7

Macht Platz für den Turm.

25.♗d1–h5   ♖f7–d7
26.♖f1–e1   …

Alle weißen Kräfte sind ideal postiert. Allerdings, es ist noch nicht zu erkennen, auf welche Weise Weiß aus der Stellung konkreten Nutzen schlagen könnte.

■ Merken Sie sich: Falls Sie positionell besser stehen, wird sich früher oder später eine günstige Möglichkeit für Sie ergeben. Darum hatte seinerzeit der berühmte Großmeister Nimzowitsch ja geraten: Man muß sich freuen lernen, auch den kleinsten positionellen Vorteil errungen zu haben!
Es ist lehrreich zu verfolgen, wie Weiß seinen positionellen Druck verstärkt.

26...   ♖a8–b8

Um mit einem Gegenspiel nach Öffnung der Stellung mittels b5–b4 zu drohen. Weiß läßt seinen Gegner jedoch nicht zur Ruhe kommen.

27.♕h3–h4   ♗f8–g7
28.♗h5–e8   ♖d7–d8
29.♘f5–e7+   ♔g8–h8
Falls 29... ♔f8, so 30.♕:h7 ♔:e8 31.♘:d5+ und ♘:c7.

30.♗e8–f7!   …

Eine Drohung zwingt den Gegner zu schwächenden Zügen.

30...   h7–h6

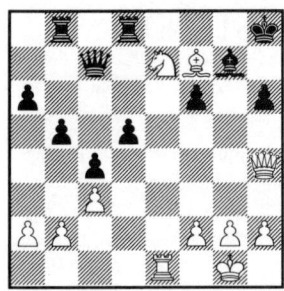

37

31.♕h4–h5! ...

Ausgezeichnet gespielt – Weiß beabsichtigt das Matt nach 32.♕f5, ♘g6+, ♘f8+ und ♕h7. Erdrückend wirkt für den Nachziehenden die Schwäche auf den weißen Feldern. Da der schwarzfeldrige Läufer nichts

zum Schutz unternehmen kann, ist Schwarz verloren.

31...	♖d8–f8
32.♘e7–g6+	♚h8–h7

33. ♗f7–e6! ...

Wiederum droht tödlich 34.♕f5!.

33...	f6–f5
34.♗e6:f5	♖f8–f6
35.♘g6–e7+	♚g6–h8
36.♘e7–d5	♕h7–d8
37.♘d5:f6	...

Weiß sucht ein prosaisches Ende.

37...	♕d8:f6
38.♖e1–e6	♕f6–g5
39.♖e6–e8+	

Schwarz gab auf.

67

SIEBENTE TRAININGSSTUNDE

In den folgenden Studien gelingt es Weiß, sich mittels hoher Verteidigungskunst aus höchst kritischen Lagen herauszuschlingeln. Das Studium derartiger Studien wird zweifelsohne Ihre Fähigkeit enorm fördern, sich in die psychologisch ungemütliche Lage des Verteidigers hineinzudenken. Übrigens, Emanuel Lasker, der zweite Weltmeister der Schachgeschichte, bemängelte in einem Gespräch mit mir (anno 1937) den Stil seines großen Rivalen Capablanca, genauer, daß dieser nicht gewillt war, sich die Bürde des Verteidigers aufzuerlegen. Der Kubaner verstand es ausgezeichnet, jegliche Angriffstendenzen seiner Gegner bereits im Keime zu ersticken, sei es auch mit einer radikalen „Abholzung"

und dem unvermeidlichen Remisausgang verbunden.

■ Wird man gezwungen, den Nachteil einer komplizierten Verteidigung in Kauf zu nehmen, so hat das unzweifelhaft das psychologische Minus zur Folge, sich in einer Dauerstreßsituation zu befinden. Eine unangenehme Nebenwirkung ist in solchen Fällen gewöhnlich die Zeitnot. Wichtig ist allerdings, daß man darauf gefaßt sein muß, die Rolle des Verteidigers zu übernehmen, und das ist ja auch nicht ohne Reiz. Gibt nicht die Wechselwirkung von Angriff und Verteidigung dem Schachspiel die eigentliche Würze? Überzeugen Sie sich selbst bei den nun folgenden drei Studien!

□ Weiß ist am Zuge!

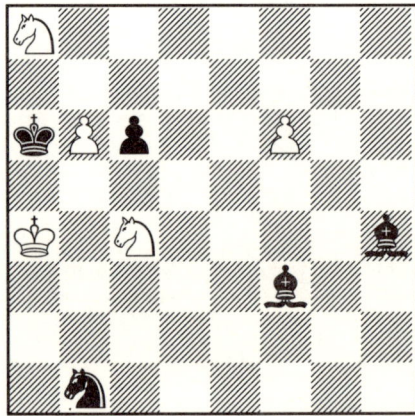

38

39

☐ Die Aufgabe in diesen Studien lautet:

Weiß beginnt und macht remis!
40) Weiß: ♔f1, ♕e5, ♖g3, ♖f3, ♙b3, d4, f4 (7)

Schwarz: ♔h7, ♕h4, ♖h2, ♖g8, ♙b4, d5, e6, f7, f5 (9)

☐ **Weiß am Zuge!**

Vergleichen Sie bitte Ihre Lösungen!

„Es ist bedeutsam, daß das ästhetisch Wirksame im Schachspiel nur immer einer Leistung anhaftet. Nur wo die Figuren etwas leisten, das dem Zuschauer als Leistung in die Augen fällt, stellt sich die ästhetische Wertung ein", so Emanuel Lasker.

Aufgabe 38:

1.♘a8–c7+	♚a6–b7
2.♘c4–d6+	♚b7:b6
3.f6–f7!	...

Das „folgerichtige" Spiel auf Gewinn wäre 3.♘c8+ ♚:c7 4.f7. Bei Weiß dominiert das Verlangen, den Bauern in eine Dame zu verwandeln, doch dieser Plan hat ein Loch – er übersieht die Gegenreaktion des Nachziehenden: 4... ♗e1! 5.f8♛ ♗d1 matt. Das Matt ist eben immer „älter" ...

3...	♗f3–d1+

Aber nicht 3... ♗e7 wegen der Gabel 4.♘c8+ und ♘:e7.

4.♚a4–b4	♗h4–e7
5.♘c7–d5+!	c6:d5
6.f7–f8♛	♗e7:f8
Patt.	

Aufgabe 39:

Dieselbe Idee liegt dieser Studie zugrunde, sie wird jedoch mit anderen Mitteln realisiert. Zeugt das nicht von der unglaublichen Vielseitigkeit des Schachspiels? Auf den „natürlichen" Zug 1.♚c3? antwortet Schwarz 1... ♘d3! und

gewinnt. Der richtige Plan beginnt mit einem überraschenden Opfer:

1.♗a6–d3!	♘e1:d3
2.♚b3–c2	...

Mit der Drohung 3.♖a8 matt.

2...	♘d3–c1

Die Drohung ist abgewendet und das Vorgehen des zentralen Freibauern ist nicht mehr aufzuhalten. Weiß zeigt sich aber unbeeindruckt.

3.♖b8:b2!	e2–e1♛
4.♖b2–b1+	♚a1–a2
5.♖b1–a1+!	...

Die treffliche Schlußpointe!

5...	♚a2:a1
Patt.	

Aufgabe 40:

40

Auch dem Praktiker kann ein geschärftes „Studienauge" nutzreich sein. Der Anziehende hatte folgende Pattidee nicht ins Kalkül gezogen:

1.♖g3:g8	♚h7:g8
2.♖f3–g3+!!	♛h4:g3

3. ♕e5–b8+   **♔g8–g7**
4. ♕b8–g8+!   **♔g7:g8**
Patt!

■ Zusätzlich möchte ich Ihnen meinen Eindruck von der folgenden Studie vermitteln.

41

□ Weiß macht remis!

Irgendwie ist es schon ganz komisch mit Assoziationen. Als ich mir die Stellung anschaute, kam mir blitzartig ein Fragment aus meinem Lieblingsgedicht von Friedrich Schiller aus meinen frühen Jugendjahren in den Sinn. Es handelt sich um die bekannte Ballade „Die Bürgschaft", in der jemand in die Stadt eilt, um den Freund zu retten. Der Schluß spitzt sich dramatisch zu, denn unser Mann scheint verloren, weil sein Freund die gesetzte Frist überschreiten wird. Als er ans Ziel kommt, ruft ihm sein Diener entsetzt entgegen:
„Zurück! Du rettest den Freund nicht mehr.
So rette das eigene Leben!

Den Tod erleidet er eben."
Doch wider Erwarten erreicht unser Held doch noch die Stadt in letzter Stund' und rettet den Freund …
Als ich mir nun die Stellung anschaute und sah, daß die weißen Figuren auf der siebenten Horizontale zusammengedrängt dastanden, kam mir das Gedicht in den Sinn – meine anfängliche Einschätzung lautete: Weiß ist nicht imstande, sich zu retten.
Und dennoch:
Sehen Sie!

Aufgabe 41:
1. ♘b7–d6   **…**
Schwach wäre 1… ♗:b3? wegen 1… ♗:b7 2.♘e6 ♖h2+ 3.♔c1 ♔:b3 4.♘c5+ ♔c3 5.♘:b7 ♖h1 matt.
1…   **♘b3–a1+**
Die einzige Möglichkeit, auf Gewinn zu spielen.
2. ♔c2–c3   **♖h7:g7**
3. ♘d6–c4+   **…**
Jetzt beginnt Weiß, den König zu verfolgen und wendet dabei geometrische Manöver an.
3…   **♔a3–a2**
4. ♘c4–e5+   **♔a2–b1**
5. ♗f7–g6+   **♔b1–c1**
6. ♘e5–d3+   **♔c1–b1**
Nach 6… ♔d1 folgt 7.♗h5+ ♗g4 8.♗:g4+ ♖:g4 9.♘f2+, und nun wiederum die gefürchtete Springergabel.
7. ♘d3–e5+   **♔b1–a2**
8. ♗g6–f7+   **♔a2–a3**

9. ♞e5–c4+   **♚a3–a4**

Der letzte Versuch von Schwarz, sich aus dem Teufelskreis herauszureißen. Doch es ist vergebens.

10. ♗f7–e8+   **♗c8–d7**
11. ♗e8:d7   **♜g7:d7**
12. ♞c4–b6+

Remis!

2. Das geschlossene Zentrum

Bei den Eröffnungen, in denen das Zentrum geschlossen ist und die Bauernketten sich gegenseitig blockieren, ist der strategische Plan schon theoretisch in allgemeinen Zügen vorgeschrieben: Beide Gegner lavieren an den Flügeln, um sich mit den Bauern an die Basis der gegnerischen Bauernkette heranzupirschen, sei es nach einem Bauerntausch, um eine Bresche in die gegnerische Königsburg zu schlagen, oder auf dem Damenflügel das Bauerngefüge so zu schwächen, um in des Kontrahenten Lager einzudringen. Auf der Basis des sogenannten Grundplanes entspringen dann die strategischen Pläne, die wir dann mit Hilfe der Taktik auf dem Brett konkret zu realisieren versuchen. Wie verläuft der Kampf in derartigen Stellungen? Da der obengenannte Vorbereitungsprozeß unter Schutz der geschlossenen Bauernketten vonstatten geht und der Kontakt mit dem Gegner im verhältnismäßig spätem Stadium eintritt, spielt die scharfe Taktik anfänglich eine untergeordnete Rolle. Man begnügt sich mit kurzen Varianten oder einzelnen Zügen, um ein positionelles Plus buchen zu können. Dabei begnügt man sich damit, entweder den Gegner bei der Aktivierung seiner Streitkräfte zu hemmen oder seinen eigenen Figuren größeren Spielraum zu gewähren. Diesen von mir verbal beschriebenen strategischen Prozeß veranschaulicht die folgende Partie überzeugend.

■ Übrigens würde ich Ihnen im Trainingsprozeß raten, bewußt den inneren Zusammenhang von Grundplan und Strategie unter die Lupe zu nehmen. In der Praxis vollzieht sich das später intuitiv. Freuen Sie sich deshalb auf die folgenden Tests, deren Lösen Ihr Spielverständnis enorm fördern wird.

Tests zur fünften Partie

41 a: **Weiß:** ♔g1, ♕d1, ♖f1, ♖a1, ♗e2, ♗c1, ♘b3, ♘c3, ♙a2, c4, d5, e4, f2, g2, h2 (15)

Schwarz: ♚g8, ♛d8, ♜f8, ♜a8, ♝c8, ♝g7, ♞d7, ♞e7, ♟b7, c7, d6, e5, f7, g6, h7 (15)

☐ Es gilt einen ganz unauffälligen, „faden" 13. Zug zu entdecken!

41 b: **Weiß:** ♔g1, ♕d1, ♖a1, ♖f1, ♗a3, ♗e2, ♘b3, ♘c3, ♙a4, d5, e4, f3, g2, h2 (14)

Schwarz: ♚g8, ♛d8, ♜f8, ♜a8, ♝c8, ♝g7, ♞e7, ♞f6, ♟b7, d6, e5, f4, g5, h7 (14)

☐ **18.?**

41 c: **Weiß:** ♔g1, ♕b3, ♖a1, ♖f1, ♗a3, ♗e2, ♘c4, ♘c3, ♙a4, d5, e4, f3, g2, h2 (14)

Schwarz: ♚g8, ♛d8, ♜f7, ♜a8, ♝c8, ♝g7, ♞e8, ♞g6, ♟b7, d6, e5, f4, g5, h7 (14)

☐ **21.?**

42 a: **Weiß:** ♔g1, ♖b7, ♖a1, ♗a3, ♗e2, ♘c3, ♙d5, e4, f3, g2, h2 (11)

Schwarz: ♚g8, ♜a5, ♜f7, ♝d7, ♞c8, ♞e8, ♟d6, e5, f4, g5, h7 (11)

☐ **29.?**

42 b: **Weiß:** ♔g1, ♖a8, ♗b4, ♗e2, ♘c3, ♙d5, e4, f3, g2, h2 (10)

Schwarz: ♚g8, ♜f8, ♝d7, ♞e8, ♞c8, ♟d6, e5, f4, g4, h5 (10)

☐ **33.?**

42 c: **Weiß:** ♔g1, ♖b7, ♗b4, ♗e2, ♘b5, ♙d5, e4, f3, h2 (9)

Schwarz: ♚e7, ♜f8, ♝d7, ♞f6, ♞c8, ♟d6, e5, f4, h5 (9)

☐ **37.?**

42 d: **Weiß:** ♔f2, ♖b7, ♗b4, ♗e2, ♘c4, ♙d5, e4, f3, h2 (9)

Schwarz: ♚e8, ♖g6, ♝d7, ♞c8, ♞f6, ♟d6, e5, f4, h5 (9)

☐ **40.?**

Fünfte Partie

Königsindische Verteidigung
Gligoric – Donner
Berlin 1959

1.d2-d4	♘g8–f6
2.c2–c4	g7–g6
3.♘b1–c3	♗f8–g7
4.e2–e4	0–0
5.♗f1–e2	d7–d6
6.♘g1–f3	e7–e5
7.0–0	♘b8–c6

Hier steht Weiß vor der Wahl, entweder die Spannung im Zentrum mit 8.♗e3 aufrechtzuerhalten oder es mit d4–d5 zu schließen. Der Anziehende ist dabei schon gezwungen, konkrete Züge zu berücksichtigen. Im ersteren Falle würde nach 8.♗e3 der Zug 8... ♖e8! folgen mit der augenscheinlichen Drohung 9.e:d4 und ♘:e4. Weiß wäre deshalb gezwungen, das Zentrum mit 9.d5 zu schließen. Nach 9... ♘d4! 10.♘:d4 e:d4 11.♗:d4 folgt aber 11... ♘:e4 mit völligem Ausgleich.

8.d4–d5	♘c6–e7
9.b2–b4	...

■ Hier beginnt sich klar die strategische Linie beider Kontrahenten abzuheben:
Schwarz wird versuchen mit f7–f5 den Schwerpunkt des Kampfes auf den Königsflügel zu verlegen.
Weiß will hingegen ohne Vorbereitung auf dem entgegengesetzten Flügel aktiv werden.

9...	a7–a5!?

Der Textzug zerschlägt mit einem Hieb die Bauernkette, da Weiß nicht imstande ist, sie mit 10.a3 intakt zu halten. Der Zug hat aber auch seine Schattenseiten: obwohl Weiß nach Tausch auf a5 auf a2 einen isolierten Bauern in Kauf nehmen muß, hat er einen gewissen Gegentrumpf – die Kontrolle auf der halboffenen b-Linie. Vielleicht sollte Schwarz ohne Zeitverlust seinen „vorprogrammierten" Bauernvorstoß f7 f5 in Angriff nehmen?!

10.b4:a5	♖a8:a5
11.♘f3–d2	♘f6–d7
12.♘d2–b3	♖a5–a8
13.a2–a4!	...

Ein Zug mit weitgehenden Folgen (siehe meine Bemerkung zum 15. Zug)!

13...	f7–f5
14.f2–f3	f5–f4
15.♗c1–a3!	...

Der erste Teil des strategischen Planes des Anziehenden besteht darin, mittels c4–c5 in Kontakt mit dem schwarzen Bauern d6 zu kommen, um nach c:d6 c:d6 ein echtes Angriffsobjekt auf d6 zu erhalten.

15...	g6–g5

Beabsichtigt schnell und ohne Zeitverlust, die g-Linie zu öffnen. Es fragt sich aber, ob Schwarz vielleicht besser mit dem prophylaktischen 15... b6 den Vorschub des c-Bauern hätte hemmen sollen. Jedoch nach 16.♗b4! und a4–a5 gelänge es Weiß dennoch,

die schwarze Bauernstellung auf-
zulockern.

16.c4–c5	♘d7–f6
17.c5:d6	c7:d6
18.♘b3–d2!	…

Ich denke, derartige Züge, die die
gegnerischen Schwächen unver-
holen auf's Korn nehmen, sind
Ihnen schon geläufig, oder?
■ Übrigens, wir machen im Trai-
nigprozeß oft den Fehler, daß
wir danach streben, alle Probleme „global" und so schnell wie
möglich unserem Gedächtnis einzuverleiben, besonders, falls wir
es mit einem dickleibigen Lehr-
buch zu tun haben. Ich rate meinen Schülern deshalb, besser
schrittweise vorzugehen. Glauben
Sie mir, Ihr Langzeitgedächtnis
wird alle wichtigen Ideen ganz
intuitiv speichern. Im konkreten
Fall werden Sie den Zug sicher
gesehen bzw. die assoziative
Idee erkannt haben. Hat der Gegner erst einmal Schwächen, dann
muß man den Druck gegen sie
permanent verstärken.
■ Sammeln Sie emsig derartige
Weisheiten im Verlauf Ihres Lernprozesses. Entschuldigen Sie,
aber ich habe mich etwas ablenken lassen. Kehren wir nun zur
Partie zurück.

18…	♘e7–g6
19.♘d2–c4	♘f6–e8
20.♕d1–b3	♖f8–f7
21.♕b3–b6!	…

Ein ausgezeichneter Zug.
■ Merken Sie sich dessen Idee!
Da Schwarz die Absicht hegt, auf

dem Königsflügel anzugreifen,
bietet Weiß listig die mächtige
Dame zum Tausch an.

21…	♗g7–f6!

Vielleicht klingt es wie eine Binsenweisheit, aber mich als Trainer entzücken derartige Züge, da
sie nachhaltig das Prinzip demonstrieren, daß man unentwegt
bestrebt sein muß, die Dislozie-
rung aller Streitkräfte zu verbessern.
Die Idee des Zuges ist offensichtlich – es gilt nach dem Damentausch den „schlechten" Läufer
auf eine aktivere Position hinüberzuführen – in diesem Falle auf die
schöne Diagonale a7–g1! Aber
verliert der Nachziehende dabei
nicht einen so lebenswichtigen
Bauern wie den auf d6?

22.♕b6:d8	♗f6:d8

Sicherlich freut sich der Läufer
über die Möglichkeit, nach b6 zu
gelangen und dort aus voller Brust
frei atmen zu können. Aber …

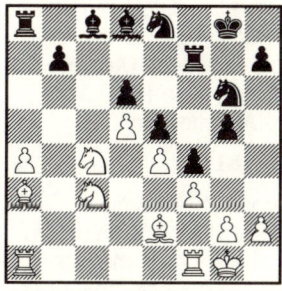

42

23.♖f1–b1!!	…

■ Bitte prägen Sie sich dieses

Manöver „lebenslang" ein! Anstatt den Bauern d6 zu verspeisen, war es wichtiger, den Gegner an der Aktivierung seiner Streitkräfte zu hindern. Schwarz drohte nach 23.♘:d6 mittel 23... ♗b6+ und ♗d4 seinen Läufer zu zentralisieren.

23...	♖a8–a6
24. ♗a3–b4	♗c8–d7
25.a4–a5	♘g6–e7
26.♗b4–a3!	♗d8:a5

Zu passiv erschien Schwarz wohl 26... ♗c8.

| 27.♘c4:a5 | ♖a6:a5 |
| 28.♖b1:b7 | ♘e7–c8 |

Anatoli Karpow hatte sich in einem Interview geäußert, daß es besonders schwer sei, in verhältnismäßig ruhigen Stellungen die Initiative zu übernehmen. Was aber diese lehrreiche Partie anbetrifft, so beeindruckt die Spielführung des Anziehenden, mit äußerst feinen Zügen unentwegt seine Figuren zu aktivieren und den Gegner ständig auf dem Damenflügel zu belästigen bzw. ihn am Königsflügel an aktiven Aktionen zu hindern. Überraschend wirkt aber der nächste Zug des Anziehenden.

29. ♖b7–b1! ...

„Was ist das?" – wird mein Schutzbefohlener ausrufen: Herr Trainer, Sie haben immer dafür plädiert, daß der Wunschtraum eines jeden Turmes die siebente Reihe des Gegners sei. Hier gibt er nun sogar diese mühsam

erkämpfte günstige Position auf. Aber ausgerechnet ein solches Vorgehen verleiht dem Schachspiel die kreative Würze, weil sogar die „unumstößlichste" Gesetzmäßigkeit nicht als Dogma aufgefaßt werden darf, und den Vorrang immer die schöpferische, konkrete Idee verdient. Aber Geduld – nach ein paar Zügen werden Sie die Idee des scheinbar mysteriösen Zuges selbst enträtseln können ...

| 29... | h7–h5 |
| 30. ♗a3–b4! | ... |

Das ist es – Weiß will die aktivste Figur des Gegners auf dem Damenflügel – den Turm – tauschen, wonach der weiße Turm seinerseits die Kontrolle über die a-Linie übernimmt.

| 30... | ♖a5:a1 |
| 31.♖b1:a1 | g5–g4 |

Na endlich! Schwarz will die g-Linie öffnen. Seine Angriffspläne haben jedoch wenig Chancen, da Angriffskräfte fehlen. Zudem versteht es Weiß ausgezeichnet, den Gegner auf dem Damenflügel unentwegt zu belästigen.

| 32.♖a1–a8 | ... |

Der Turm ist in die achte Reihe eingebrochen. Das ist jedoch nicht sein Hauptzweck – das Manöver muß nur als Sprungbrett dienen, um auf die siebente Reihe zu gelangen.

| 32... | ♖f7–f8 |

33. ♖a8–b8! ...

Weiß demonstriert eine vorzügliche Lavierungstechnik, deren Schwierigkeit darin besteht, ohne direkte Drohungen, mit prosaischen Zügen seine Figuren auf günstige Positionen hinüberzumanövrieren (vergleichen Sie dazu den 37. Zug).

33...	g4:f3
34.g2:f3	♔g8–f7
35.♖b8–b7	♘e8–f6
36.♘c3–b5	♔f7–e7
37.♘b5–a3!!	...

Ich füge diesem Zuge, vom methodischen Standpunkt aus gesehen, zwei Ausrufezeichen bei. Auf b5 stand der Springer aktiv, jedoch auf c4 wird er noch besser placiert sein. Von diesem Feld aus kann er nicht nur den Bauern d6 bedrohen, sondern gelegentlich auch den Bauern auf e5.

■ Jede mögliche „Mikroaktivierung" der Streitkräfte läßt sich der wahre große Meister niemals entgehen! Falls Sie, sehr geehrter Schachfreund, derartige Züge entdecken, bagatellisieren Sie diesen Fund nicht, sondern freuen Sie sich darüber und seien Sie wirklich stolz darauf!

37...	♖f8–g8+
38.♔g1–f2	♔e7–d8
39.♘a3–c4	♖g8–g6
40.♗e2–f1!!	...

Dieselbe Strategie: Das Kampfpotential der Kräfte wird ständig gesteigert! Klar ist, daß der Läufer auf h3 aktiver stehen wird. Allerdings ist ihm dieses Feld vorläufig noch nicht zugänglich. Die Schachpartie ist jedoch ein dynamischer Prozeß, in dem vorteilhafte Möglichkeiten sich in unerwarteter Weise entpuppen können und mithin ist es nützlich, unseren Kräften günstigere Ausgangspositionen zu verschaffen. Da kommt mir auch der Rat Michail Tals in den Sinn, in dem er jungen Spielern empfiehlt, die Partien Capablancas zu studieren, denn der Kubaner verstand es meisterhaft, seine Figuren genau auf die Felder zu postieren, wo sie im entsprechenden Moment gebraucht wurden. Übrigens, Karpow hat laut seiner Aussage, die Partien des Kubaners in seiner Jugendzeit bis „auf die Knochen" nachgespielt. Vielleicht ist das eine Erklärung für Karpows unnachahmlichen Stil, der, in einer verfeinerten und tiefgründigeren Fassung, an die Spielweise des Kubaners erinnert.

40...	♘f6–h7?

42a

Und schauen Sie – folgerichtig begeht Schwarz einen groben

Fehler. Das ist typisch für einen Spieler, der sich in einer eingezwängten Stellung befindet. Vielleicht wollte der Nachziehende seinen Springer auf f7 placieren, um den Bauern d6 sicherer zu verteidigen? Wie dem auch sei, ich glaube, daß dieser dominierende Impuls den Fehlzug beschleunigte. Nicht unterschätzen sollte man auch, daß die Ermüdungserscheinungen eine Rolle spielten – das Herannahen der fünften Stunde …

41. ♖b7:d7+!   ♔e7:d7
42. ♗f1–h3+   ♔d7–e7
43. ♗h3:c8

Schwarz gab auf.

Diese Partie ist meine Lieblingspartie! Nun werden Sie zurecht fragen: Ja, aber was bedeutet für einen Trainer der Begriff „Lieblingspartie"? Nun, sie ist besonders lehrreich und ich bin fest davon überzeugt, daß sie meinem Schüler außerordentlich von Nutzen sein wird.

Vielleicht scheue ich mich deswegen nicht, derartige Partien in meinen neuesten Arbeiten aus meinen schon früher erschienenen Büchern (allerdings „neugetüncht") wieder hervorzuholen. Oder haben Sie diese Partie schon gesehen? Wenn ja, dann hatten Sie die Möglichkeit, sich davon zu überzeugen, inwieweit sich die wichtigsten Momente der Partie in ihr Gedächtnis eingewurzelt haben …

ACHTE TRAININGSSTUNDE

Als Michail Tal Weltmeister wurde, habe ich ihm einen schönen Vierzüger zum Lösen angeboten, den mir Großmeister Lothar Schmid „zugespielt" hatte. Mischa konnte die Aufgabe nicht lösen und „untersagte" mir deshalb, ihm jemals wieder einen Vierzüger „unterzuschieben". Als ich ihm aber die folgende Aufgabe vorlegte, konnte er sein Entzücken nicht verbergen, das ihm die Lösung bereitete und er verzieh mir meine „Anmaßung" … Und wirklich, überzeugen Sie sich selbst, wie herrlich die Lösung ist!

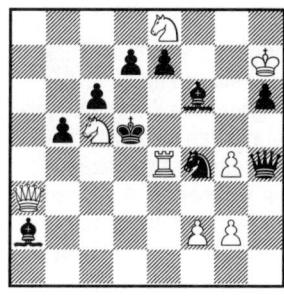

44

Ein Dreizüger der tschechischen Schule mit einem reichhaltigen Variantennetz! Es ist sicher ein schweres Stück, aber vielleicht hilft Ihnen der Fingerzeig, daß ein Ablenkungsopfer die Entscheidung bringt.

□ Weiß beginnt jeweils!

43

■ Matt in vier Zügen!
■ Vielleicht unternehmen Sie den Versuch, die Aufgabe zu lösen?!

Vergleichen Sie bitte Ihre Lösung!

Aufgabe 43:
1. ♘g3–f5+   ♔h4–g4
2. ♕f2–f1!   ...

Ein außerordentlich starker „stiller" Zug.

■ Beachten Sie bitte die Funktion eines stillen Zuges. Er läßt dem Gegner freie Wahl, und dennoch ist mit ihm eine phantastisch schöne, kraftstrotzende Drohung verbunden. Auf jeden Zug des Nachziehenden folgt nämlich das donnernde Damenopfer:

3. ♕f1–h3+!!   ♔g4:h3
4. ♘d3–f2 matt.

Es ist schon tragikomisch – die riesige schwarze Armee kann ihrem König nur aus der Ferne „Beileidstelegramme" senden!

Aufgabe 44:
1. ♘c5–a4!   ...

Weiß droht, nach dem Zwischenzug ♘b6+ oder ♘c7+ mit 3. ♕e Matt zu geben.

1. ...   ♗f6–d4
2. ♕a3–c5+!   ...

Ein schönes Ablenkungsopfer!

2. ...   ♗d4:c5
3. ♘a4–c3 matt

Ein analoges Ablenkungsopfer folgt auch auf alle anderen schwarzen Züge:

a) 1. ...   ♕h4–g3
   2. ♕a3–d6+!   e7:d6
   3. ♘e8:f6 matt
b) 1. ...   ♕h4:f2
   2. ♘e8:f6+   e7:f6

   3. ♘a4–c3 matt
c) 1. ...   c6–c5
   2. ♘a4–c3+   ♗f6:c3
   3. ♕a3–a8 matt
d) 1. ...   ♔d4:e4
   2. ♕a3–e3+   ♔e4–d5
   3. ♘a4–b6 matt
e) 1. ...   ♗a2–b3
   2. f2–f3   b5–b4
   3. ♕a3:b3 **matt**

Alles funktioniert ausgezeichnet, wie in einem gutgeölten Uhrwerk!

3. Die offene Zentrallinie

Was den Grundplan der folgenden Partie anbetrifft, versucht Schwarz auf der einzigen offenen Zentralvertikale eine enorme Figurenenergie aufzuspeichern. Dabei wird die Vorpostenstellung des Springers von den im Hinterhalt befindlichen Türmen unterstützt. da der Kampf nicht forciert vonstatten geht und dem Gegner viele Antworten offenstehen, kann Schwarz nicht alle künftigen Geschehnisse konkret voraussehen.

■ In derartigen Fällen läßt man sich von allgemeinen strategischen Gesichtspunkten leiten, das heißt, man begnügt sich bis zu einem bestimmten Grad positionell zu spielen, vorerst einfach die Kräfte im Zentrum anzusammeln. Aber so ein Tauziehen kann sich nicht unendlich hinziehen, denn man muß auf der Hut sein, da so eine Kräfteansammlung plötzlich zu einer dynamischen Entladung führen kann. Es entspringen „Zusammenstöße", wobei die Taktik zu ihrem Recht kommt. Hier muß man verstehen, augenblicklich kraß umzuschalten, die entstehenden Varianten durchzurechnen und auf deren Basis die Folgen der taktischen Gefechte genau abzuschätzen (von der Analyse zur Synthese!). Aber vorerst versuchen Sie, die Testaufgaben zu lösen, die ich dieser hochinteressanten Partie wie immer vorangestellt habe.

Tests zur sechsten Partie

Aufgabe 45:

45 a: **Weiß:** ♔g1, ♕d1, ♖a1, ♖f1, ♗c1, ♗e2, ♘f3, ♘a3, ♙a2, b2, c4, d5, f4, g2, h2 (15)
Schwarz: ♚g8, ♛d8, ♜a8, ♜f8, ♝g7, ♝c8, ♞b8, ♞e4, ♟a6, c5, d6, f7, g6, h7 (14)
12...?

■ Schwarz ist jeweils am Zuge!

45 b: **Weiß:** ♔g1, ♕c2, ♖e1, ♖a1, ♗d3, ♗c1, ♘e3, ♘f3, ♙a2, b2, c4, d5, f4, g3, h2 (15)
Schwarz: ♚g8, ♛d8, ♜e7, ♜e8, ♝c8, ♝g7, ♞e4, ♞h5, ♟a6, c5, d6, f7, g6, h7 (14)
18...?

45 c: **Weiß:** ♔g1, ♕c2, ♖e1, ♖a1, ♗d3, ♗c1, ♘g2, ♙a2, b2, c4, d5, f4, g3, h2 (14)
Schwarz: ♚g8, ♛d8, ♜e8, ♜e7, ♝c8, ♞e4, ♞h5, ♟6, d4, d6, f7, g6, h7 (13)
20...?

45 d: **Weiß:** ♔f1, ♕c2, ♖a1, ♗d3, ♗d2, ♘g2, ♙a2, b2, c4, d5, f4, g3, h2 (13)
Schwarz: ♚g8, ♛d8, ♜e7, ♝c8, ♞h5, ♞h3, ♟a6, d6, d4, f7, g6, h7 (12)
23...?

Aufgabe 46:

Weiß: ♔g2, ♕c2, ♖e1, ♗d2, ♗d3, ♘f3, ♙a2, b2, c4, d5, f4, g3, h2 (13)
Schwarz: ♚g8, ♛e7, ♜e3, ♝c8, ♞g4, ♞h3, ♟a6, d6, d4, f7, g6, h7 (12)
27...?

81

Sechste Partie

Königsindische Verteidigung
Thorbergsson – Tal
Reykjavik 1964

1.d2–d4	♘g8–f6
2.c2–c4	g7–g6
3.♘b1–c3	♗f8–g7
4.e2–e4	0–0
5.f2–f4	d7–d6

Was bedeutet Eröffnungstheorie? In ihr spiegeln sich die Erkenntnisse der Praxis wider, wobei die Spezialisten den Vorteil oder Nachteil der betreffenden Variante (oder ganzer Eröffnungssysteme) begutachten und zu verallgemeinern versuchen. Da gewöhnlich diese Einschätzungen und Empfehlungen aus der Feder berühmter Spezialisten stammen, laufen junge Spieler Gefahr, alles kritiklos aufzusaugen, mechanisch die Varianten nachzuspielen und sie „einzuochsen", was noch schlimmer ist.

■ Ich würde Ihnen raten, von Zeit zu Zeit die tatsächliche Idee eines scheinbar so „selbstverständlichen" Zuges bewußt zu entziffern. Die Frage, die sie sich dabei stellen sollten, lautet: Welche strategische oder taktische Idee verbirgt sich hinter dem betreffenden Zug?

Und glauben Sie mir, zur Förderung Ihres Spielverständnisses wird es Ihnen nicht schaden, jetzt den schwarzen Zug 5… d7–d6 zu hinterfragen. Lassen Sie es uns gemeinsam tun. Was wohl das Wesentlichste ist: In ihm sind zwei höchst wichtige strategische Eröffnungsideen enthalten:

Erstens eröffnet der Zug die Diagonale für den Damenläufer, und zweitens hemmt er gewissermaßen das weitere Vordringen des zentralen Bauern e4, der nun nicht die Demarkationslinie überschreiten kann, was für den Nachziehenden mit Raumverlust verbunden sein könnte.

Mancher von Ihnen wird einwenden:

Lohnt es sich denn, auf derartige Binsenweisheiten zu verweisen? Ja, ich gebe zu, es ist eine Binsenweisheit, aber gerade diese müssen in Ihrem Gedächtnisspeicher einen wichtigen Platz einnehmen. Nur so wird sich Ihr allgemeines Spielverständnis entscheidend verbessern.

6.♘g1–f3	c7–c5!

■ Ein typischer Zug in derartigen Stellungen.

Weiß erhält nach der folgenden Antwort (d4–d5) zwar Raumvorteil, doch Schwarz bekommt als Äquivalent größeren Spielraum auf der offenen Diagonale a1–h8 für seinen Königsläufer. Wir sind dabei Zeugen des von mir so genannten Kompensationsgesetzes – man räumt dem Gegner einen gewissen Vorteil ein (manchmal ist das mit Materialeinbuße verbunden) bekommt dafür aber eine gewisse Kompensation.

Was mehr wiegt, ist in der Eröffnungsphase nicht leicht vorauszuerkennen, da die Möglichkeiten beider Partner vielseitig sind und vieles nun ganz wesentlich von der Intuition, dem „Fingerspitzengefühl" abhängig sein wird. Besonders schwer fällt es, eine klare Einschätzung über die sogenannten Gambiteröffnungen zu erhalten, in denen ein Partner zum Beispiel einen Bauern opfert. Der Gegner verspeist den Bauern, verliert jedoch dabei Zeit und kommt mit der Entwicklung ins Hintertreffen. Die Schwierigkeit besteht nun für den Gambitspieler darin, daß der Vorteil der Zeit sehr spröde ist und sich leicht verflüchtigen kann, falls man ihn nicht sofort konkret auszunutzen vermag.

7.d4–d5	e7–e6
8.♗f1–e2	e6:d5
9.e4:d5	…

Jetzt hat sich die zentrale e-Linie geöffnet. Die Einschätzung zeigt: Der Kampf in der Eröffnung ist für Schwarz günstiger verlaufen. Es stellt sich nämlich heraus, daß nach 5.f2–f4 der Punkt e4 nötigenfalls nicht vom Bauern geschützt werden kann und mithin zu einer Schwäche neigt, obwohl er vorläufig vom Damenspringer ausreichend geschützt ist.

| 9… | b7–b5!? |

Gewöhnlich hat man hier 9… ♖e8 oder 9… ♗f5 gespielt. Den Textzug darf man als intuitives Opfer ansehen, dessen Folgen nicht konkret vorauszusehen sind. Der Zug hat aber auch seine positionelle Begründung – es gilt den weißen Springer von der Ver-

teidigung des Punktes e4 abzulenken. Wie Sie weiter erkennen werden, entbrennt jetzt faktisch ein Kampf um die Vorherrschaft im Zentrum, einer strategisch bedeutsamen Anhöhe, deren Besitz als Ausgangspunkt weiterer aktiver Maßnahmen dienen kann.

■ Übrigens, falls Sie sich in den inneren Prozeß der Eröffnungsideen vertiefen wollen (was ich Ihnen nur anraten möchte), werden Sie feststellen können, daß die schnelle Entwicklung und die Kontrolle über die Zentrumsfelder eine dominierende Rolle spielen. Kurzum, Schwarz läßt sich von der Mutmaßung leiten, daß sein Springer einen lähmenden Druck im Zentrum ausüben wird, während sein Widersacher (Springer b5) in eine passive Lage gerät.

| 10.♘c3:b5 | … |

Nach 10.c:b5 a6 11.b:a6 ♗:a6 erhält Schwarz Druck auf den halboffenen Linien „a" und „b", wobei der Königsläufer a1–h8 noch unterstützend wirkt.

10…	♘f6–e4
11.0–0	a7–a6
12.♘b5–a3	…

■ Ein gewisses Postulat der Verteidigungsstrategie lautet, daß man nach Erhalt eines materiellen Vorteils mit seiner Rückgabe den Gegner „beschwichtigen" soll, um Nachteil zu verhüten.
In dieser Hinsicht konnte Weiß

12. ♘c3 spielen. Aber oft fällt es psychologisch sehr schwer, sich von eingeheimstem Material früh zu trennen. Auch eine prinzipiell menschliche Einstellung spielt hier mit: Warum soll man das einmal Eroberte sofort kleinmütig zurückgeben? Man will sich doch einmal die Korrektheit eines so „frechen" Opfers beweisen lassen!

Was aber den Nachteil der weißen Springerstellung anbetrifft, so vermindert sich auf dem Rande enorm dessen Kampfpotential. Er ist einfach „physiologisch" nicht imstande, eine größere Zahl der Felder zu bestreichen.

■ Übrigens, einen kleinen Tip – es lohnt sich, von Zeit zu Zeit zu prüfen, wieviel Felder die eine oder andere Figur bestreicht! Ein hinter dem Rücken eines Bäuerleins stehender klobiger Turm mit einem Springer an der Seite, ist faktisch „physiologisch" gelähmt. Aber wie oft „verdammen" wir unsere Figuren zu derartigen Passivitäten, nicht wahr?!

■ Selbstverständlich darf eine derartige statische Konstatierung nur als Hilfsmittel dienen, schneller der Dynamik einer Stellung auf den Grund zu sehen.

Wie Sie im weiteren Verlauf sehen werden, spricht gegen den Rückzug des Springers auf a3 der Umstand, daß er dort passiv – und was noch schwerer wiegt – im Abseits vom Hauptgeschehen im Zentrum steht.

45

12...   ♖a8–a7!

Mit diesem unerwarteten Textzug gelingt es Schwarz, den Turm in den Kampf ums Zentrum einzuschalten.

13. ♗e2–d3   ♖a7–e7
14. ♘a3–c2   ♖f8–e8
15. ♖f1–e1   ♘b8–d7
16. ♘c2–e3   ...

Weiß unternimmt alles mögliche, den Springer ins Spiel einzuschalten, aber sein Nachteil äußert sich darin, daß es ihm nicht gelingt, aktiv zu wirken.

16...   ♘d7–f6
17. ♕d1–c2   ♘f6–h5!

■ Soeben habe ich die Randstellung des Springers noch verpönt, und jetzt füge ich dem an den Rand versetzten schwarzen Springer ein Ausrufezeichen bei und betrachte ihn als ausgezeichnet? Sie werden schnell sehen, daß das kein unlogischer Widerspruch ist. Wie schon so oft betont, bedeutet das vielmehr, daß jedes noch so einleuchtende Postulat nicht schablonenhaft als unumstößliches Prinzip aufzufassen ist.

Alles hängt doch von der konkreten Situation ab!
Hier erweist sich der Springerzug als besonders vorteilhaft, da er den Gegner zur Schwächung des Bauernflügels zwingt.

18.g2–g3   ...

Dieser Zug ist erzwungen, da nach 18.♘f1 Schwarz mittels 18... ♘g5! eine entscheidende Schwächung des Königsflügels erzwingt.

18...   ♗g7–d4!

Weiß hat die Stellung im Zentrum verbarrikadiert und nach ♗d2, ♖e2, ♖ae1 drohte er, den Druck des Nachziehenden zu neutralisieren.

■ Ich möchte noch unterstreichen, daß dieser Läuferzug eine gewisse psychologische Überwindung erfordert, da es doch gilt, den stolz auf der langen Diagonale wirkenden Königsläufer zum Tausch anzubieten!

19.♘f3:d4   c5:d4
20.♘e3–g2   **♘e4–g5!**

Ein eleganter Abzug leitet den nachfolgenden Königsangriff ein.

21.♖e1:e7   ♘g5–h3+

Nun wird die Folge von 17... ♘h5! offensichtlich – das ungedeckte Feld h3 erweist sich als dankbares Angriffsobjekt für Schwarz.

22.♔g1–f1   ♖e8:e7
23.♗c1–d2   **♘h5–f6!**

■ „Der Mohr hat seine Pflicht getan, jetzt kann er gehen."
Lassen Sie keine Möglichkeit ungenutzt, eine Figur günstiger und aktiver zu postieren! Konkret zu unserer Stellung: Der Springer hat auf h5 seine Aufgabe erfüllt. Eine Schwächung der gegnerischen Bauernphalanx wurde erzwungen. Ihn aber jetzt noch am Rande stehen zu lassen, hieße, ihn zu einer Statistenrolle zu verdammen. Mit dem Textzug wird er aktiviert. Jetzt ist das Feld g4 sein Ziel.

24.♘g2–h4   ...

Auf g2 stand der Springer ungünstig. Er richtete selbst nichts aus und blockierte zudem seinem König das Feld g2. Jetzt versucht der Anziehende seine Königsstellung zu sanieren. Sein Roß soll nach f3 überführt werden.

24...   ♘f6–g4
25.♘h4–f3   ...

Auf 25.♔g2 beabsichtigte der Nachziehende 25... ♕e8 zu spielen, mit der Drohung 26... ♖e2+!

25...   ♖e7–e3!

Er läßt den Gegner nicht zur Ruhe kommen!
26.♔f1–g2   ♕d8–e7
27.♖a1–e1   ...

(Siehe Diagramm nächste Seite)

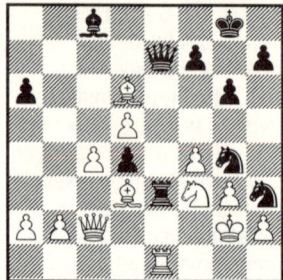

46

27...   ♞h3:f4+!

Bis jetzt hatte Schwarz rein positionell gespielt. Seine Figuren stehen in guten Ausgangspositionen, zentralisiert und bedrohlich in der Nähe des weißen Königs. Dennoch waren dafür keine konkreten taktischen Maßnahmen nötig. Jetzt aber beginnt er, die Früchte seines Positionsspiels zu ernten und kann einen sprühenden Opferregen niederprasseln lassen...

28.g3:f4   ♜e3:e1
29.♞f3:e1   ♛e7–h4!

■ Hier wird die Idee des Springeropfers klar: Schwarz hat den Punkt f2 als schwächsten im Lager des Gegners erkannt. Darin liegt auch die Kunst des Meisters, daß er schon aus der Ferne das Einbruchsfeld im gegnerischen Lager erspäht! Durch die Lenkung des Bauern g3 nach f4 wurde das Einbruchsfeld auf h4 frei sowie ein harmonisches Zusammenspiel von Dame und Springer ermöglicht.

30.♗d2–c1   ♛h4:e1
31.h2–h3   ♞g4–h6

32.f4–f5   ...

Gibt den wichtigen Schlüsselpunkt e5 frei, um für den Damenläufer etwas Luft zu schaffen.

32...   ♞h6:f5
33.♗c1–f4   ♞f5–h4+
34.♔g2–h2   ♞h4–f3+
35.♔h2–g2   ♗c8:h3+!
36.♔g2:f3   ...

Natürlich nicht 36.♔:h3 wegen 36... ♛h4+ 37.♔g2 und der Springergabel 37... ♞e1+. Aber wie soll Schwarz jetzt mit seinem Angriff weiterkommen?

36...   ♛e1–g1!!

Ein stiller Zug nach einem Opferdonner wirkt auf den Verteidiger schockierend. Jetzt droht vernichtend 37... ♗g4+ 38.♔e4 f5 matt.
Überhaupt können entblößte Könige kombinierten Angriffen von Dame und Figur selten standhalten.
In der Partie folgte noch:

37.♗d3:g6   ♛g1–g4+
38.♔f3–f2   ♛g4:f4+
39.♔f2–g1   h7:g6

Weiß gab auf.

■ Derartige lehrreiche Partien empfehle ich, besonders aufmerksam etliche Male nachzuspielen, um die Gesetzmäßigkeiten des Positions- und des Kombinationsspiels zu verinnerlichen.

Tests zur dritten Partiestellung

Aufgabe 47

47 a: Weiß: ♔g1, ♕e2, ♖f1, ♖d1, ♗g2, ♗c1, ♘f4, ♙b2, a2, c2, f2, g3, h2 (13)

Schwarz: ♚e8, ♛a7, ♜c8, ♜h8, ♝f8, ♞d7, ♞e5, ♟a6, b5, e6, f7, g7, h7 (13)

☐ 20.?, 21.?, 22.?

☐ Wie kann Weiß die Stellung des schwarzen Königs zwangsläufig in drei Zügen entscheidend schwächen?

47 b: Weiß: ♔g1, ♕e6, ♖f1, ♗c1, ♗g2, ♙b2, a2, f2, g3, h2 (10)

Schwarz: ♚d8, ♛a7, ♜c8, ♜h8, ♝f8, ♞d7, ♟a6, b5, g7, h7 (11)

☐ Zeigen Sie den schnellsten Gewinnweg für Weiß!

☐ 23.–27.?

47 c: Weiß: ♔g1, ♕e6, ♖e1, ♗c1, ♗g2, ♙b4, c2, f2, g3, h2 (10)

Schwarz: ♚e8, ♛c5, ♜c8, ♜h8, ♝e7, ♞d7, ♟a6, b5, g7, h7 (10)

■ Schwarz spielte nun 24… ♞f8. Was wäre stattdessen besser gewesen?

■ 24…?

47 d: Weiß: ♔g1, ♕g4, ♗g2, ♗g5, ♙b4, c2, f2, g3, h2 (9)

Schwarz: ♚e7, ♛c3, ♜c8, ♜h8, ♞f8, ♟a6, b5, g7, h7 (9)

☐ Wie würden Sie nach 27… ♚e8 mit Weiß fortsetzen?

☐ 28.bis 33.?

Vergleichen Sie bitte Ihre Lösungen!

Mit einer Opferkaskade gelingt es dem Anziehenden die Zentrumslinie zu öffnen, wonach der im Zentrum steckengebliebene König in ernste Gefahr gerät.

20. ♖d1:d7+!   ♘e5:d7
21. ♘f4:e6   f7:e6
22. ♕e2:e6+   ...

Der erste Angriffsplan von Weiß hat seinen Abschluß gefunden – der schützende Bauernwall des Nachziehenden ist vernichtet worden, wonach der schwarze König gewissermaßen „im Regen" steht.

22...   ♗f8–e7

Nach 22... ♔d8 wird der König schnell mattgesetzt, woran die große Einflußsphäre der beiden weißen Läufer entscheidenden Anteil hat.

23. ♗g5+ ♔c7 24. ♕c6 ♔b8 25. ♗f4+ ♖c7 26. ♗:c7+ ♕:c7 27. ♕a8 matt.

Haben Sie diese elementare Mattführung schnell erkannt?

25. ♖f1–e1   ♕a7–c5
26. b2–b4!   ...

Um die schwarze Dame vom Punkt g5 abzulenken.

24...   ♘d7–f8?

Größere technische Schwierigkeiten auf dem Wege zum Sieg konnte Schwarz dem Gegner mit **24... ♕:b4 25. ♗g5 ♕:e1+** bereiten.

25. ♕e6–g4   ♕c5–c3

47

26. ♖e1:e7+!!

Der einzige Verteidiger des schwarzen Königs wird vernichtet, wonach Letzterer den Angriffen von Dame und Läufer zum Opfer fällt.

26...   ♔e8:e7
27. ♗c1–g5+   ♔e7–d6

Ein schönes Matt bietet sich für Weiß nach 27... ♔e8: **28. ♕e2 ♔f7 29. ♗d5+ ♔g6 30. ♕e4+! ♔:g5 31. ♕f4+ ♔h5 32. ♗f7+ g6 33. ♕h4** matt.

Weiter folgte einfache Prosa:

28. ♕g4–d1+!   ♔d6–c7
29. ♗g5–f4+   ♔c7–b6
30. ♕d1–d6   ♔b6–a7
31. ♕d6–e7+   ♖c8–c7
32. ♗f4:c7   ♕c3–a1+
33. ♗g2–f1   ♘f8–g6
34. ♕e7–c5+   ♔a7–b7
35. ♗c7–a5   ♖h8–f8

Endlich schaltet sich der Turm ins Spiel ein, freilich kommt er viel zu spät.

36. ♕c5–b6+

Schwarz gab auf.

NEUNTE TRAININGSSTUNDE

Ist es nicht das Ziel einer regulären Trainingsperiode, seine Schutzbefohlenen auf höhere Belastungen vorzubereiten? Mithin soll es Sie nicht Wunder nehmen, daß unsere letzten Trainingsstunden größeren Umfangs sein werden.

Vorerst zur Einstimmung ein paar Partiestellungen verschiedenster Art.

■ Beginnen Sie dabei mit der Einschätzung der Stellung und schreiben Sie dann die Lösungen auf!

■ Ich bitte Sie auch darum, alle vier Aufgaben nacheinander zu lösen! Hierbei versuchen Sie bewußt zu erkennen, inwieweit es Ihnen gelungen ist, Ihre analytischen Fähigkeiten zu entwickeln.

Vierte Partiestellung

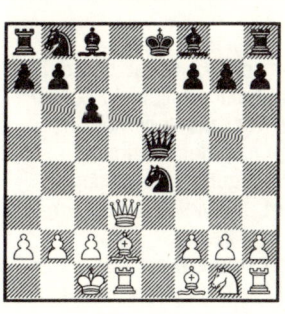

48

Fünfte Partiestellung

49

Sechste Partiestellung

50

<u>51</u>

☐ Weiß beginnt jeweils!

Vergleichen Sie bitte Ihre Lösungen!

Wissen Sie, ich habe in dieser Stunde mit Absicht leicht zu lösende Beispiele angeführt, da ich mir die Aufgabe gestellt habe, Ihnen Fingerzeige zum selbständigen Aufspüren einer Kombination zu geben. Dazu sind besonders diejenigen Stellungen geeignet, die mit Königsangriffen verbunden sind. Das Analysieren derartiger Stellungen hat den Vorteil, daß bei der Einschätzung der Stellung die positionellen Schwächen deutlich sichtbar sind und man vom Endziel der Kombination – der Synthese – nicht abgelenkt wird, da stets die Gefangennahme des gegnerischen Königs der Schlußpunkt ist.

Für Sie besteht also die Hauptaufgabe darin, die konkreten Varianten zu berechnen. Da die Angriffe oft mit Opfern verbunden sind, entwickelt sich dabei sowohl die Opfertechnik als auch die Fähigkeit, den Gegner mit unentwegten Drohungen zu belästigen.

■ Ich muß an dieser Stelle nochmals unterstreichen, daß die Assoziation, die Verknüpfung vorher gesehener Vorstellungen, das Aufspüren einer Kombination erheblich fördert. Das oben Gesagte illustrieren uns die folgenden, nicht besonders schweren zwei Tests. Die erste Stellung (Diagramm 48) entstand in einer anno 1910 gespielten Partie, die zweite (Diagramm 49) im Jahre 1954.

<u>48</u>

Die statische Einschätzung der ersten Stellung fällt nicht schwer:
■ Der Nachziehende hat das Grundprinzip der Eröffnung – schnelle Figurenentwicklung – ignoriert und viel Zeit mit Damenzügen verloren.
■ Auch der schwarze Springer hat auf Kosten seines „Kollegen" zwei Züge hintereinander gemacht.

■ Unentwickelt ist auch der Königsflügel geblieben.

■ Schauen wir jedoch näher hin, so fällt uns die Aufstellung der Schwerfiguren auf der d-Linie ins Auge, die augenscheinlich „Zündstoff" enthalten. Und wirklich – im nächsten Zug platzte die Bombe ...

Aufgabe 48:

1.♛d3–d8+! ...

Der König wird in die d-Linie hineingelenkt, wonach ein dröhnendes Doppelschach die Mattidee realisiert.

1... ♚e8:d8
2.♗d2–g5++ ♚d8–c7

Falls 2... ♚e8, so 3.♖d8 matt.

3.♗g5–d8 matt.

Ähnlich ergeht es dem schwarzen König in der folgenden Partiestellung.

49

Aufgabe 49:

Der letzte Zug des Nachziehenden (1... ♖:c3) war mit der folgenden Opferidee verbunden:
2.b:c3 ♞:a2+ 3.♚d2 ♞:c3 4.♚:c3 ♗b4+ 5.♚:b4 ♛c4+ mit „ewigem Schach" und Remisausgang.

1.♛g5–d8+! ...

Vorerst wird der König in die offene Linie hineingelenkt, wonach das Abzugs-Doppelschach das Matt erzwingt.

1... ♚e8:d8

Traurig muß der Monarch in den sauren Apfel beißen.

2.♞d4:e6++ ♚d8–e7

Nach 2... ♚c8 folgt elementar 3.♖d8 matt, nach 2... ♚e8 wird das Spiel mit 2.♞:g7+ ♚:g7 3.♗g5+ – wiederum das gefürchtete Abzugsschach! – und ♖d8 matt beendet.

3.♗e3–g5+ f7–f6
4.♞e6–d8+ und Weiß gewinnt.

■ Typisch für derartige Stellungen ist, daß man nach dem schweren Opfer dem Gegner nicht erlauben darf, „Atem zu holen" – alles muß forciert, ohne Zeitverlust vonstatten gehen! „Dasselbe in Grün" demonstriert uns die sechste Partiestellung.

Aufgabe 50:

Hier ragen folgende positionelle Nachteile für die Stellung des schwarzen Königs hervor:

■ Dem ihm feindlich gesinnten Turm steht die h-Linie zur Verfügung.

■ Der weiße Läufer nimmt eine bedrohliche Stellung auf h6 ein – Schwarz hatte sicherlich in der Eröffnung den Läufer auf g7 entwickelt, jedoch nach seinem Verschwinden sind besonders die schwarzen Felder anfällig.

■ Um seinen Vorteil praktisch auszunutzen, wird Weiß schnellstens die Dame nach h6 hinüber-

ziehen, wonach das Zusammenspiel von Dame und Turm gegen
den entblößten schwarzen König
vernichtend wirkt.

■ Der Nachteil des Anziehenden
besteht darin, daß seine Kräfte
isoliert sind und dem bedrohten
Königsflügel nicht zur Hilfe eilen
können.

28. ♗h6–f8!   **♘f6–h5**
29. ♕h2–h6   **...**

So ein Vis-a-vis mit der Dame ist
für einen König nicht besonders
angenehm ...

29...   **♕d7–e6**

Auf 29... ♖:f8 folgt 30.♘g3.
Jetzt kann Weiß mit 30. ♖:h5
♕f6 31.e5 d:e5 32.g5! unverzüglich gewinnen!

Aufgabe 51:

Falls Sie die vorhergehende Stellung aufmerksam nachgespielt
haben, werden Sie aufgrund der
Assoziation den nächsten Zug
des Anziehenden sofort finden:
Auch hier finden wir wieder dieselbe positionelle Eigenart:

■ Weiß ist es gelungen, den
Turm vor die Bauernphalanx auf

die h-Linie zu postieren.

■ Der Keilbauer auf e6 und der
Läufer auf h6, so wie die „sprung-
bereite" Dame auf d2 schielen
drohend in Richtung des Königsflügels.

■ Auch der Springer auf f3
könnte ein gewichtiges Wort mit-
sprechen.

■ Es ist klar, daß eine derartige
Kräfteansammlung es dem
Angreifer ermöglicht, seine
Attacke mit überlegenem Poten-
tial zu führen.

■ Schwarz hat zwar seinen
schwarzfeldrigen Läufer zur Verfügung und eine Übermacht am
Damenflügel errungen, gegen
den weißen Ansturm ist er jedoch
machtlos.

23. ♗h6–f8!   **♖e8:f8**
24. ♕d2–h6   **♖f8–f7**

Der Textzug ist erzwungen.

25. e6:f7+   **♚g8:f7**
26. ♕h6:h7+   **♗b2–g7**
27. ♖h4–h6!   **♕d8–g8**
28. ♕h7:g6+   **♚f7–f8**
29. ♘f3–g5   **♕g8:d5**
30. ♖h6–h8+!

Schwarz gab auf!

Zum selbständigen Lösen!

Achte Partiestellung

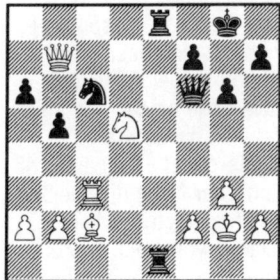

52

■ Schwarz am Zuge!

Neunte Partiestellung

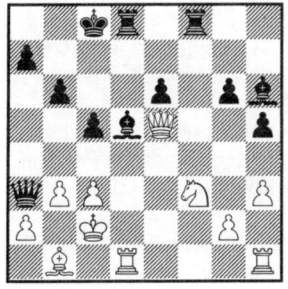

53

■ Schwarz am Zuge!

54

Zehnte Partiestellung

☐ Weiß am Zuge!
☐ Bitte die ersten zwei stärksten Züge angeben!
☐ Lösen Sie die Aufgaben nacheinander!

Vergleichen Sie bitte Ihre Lösungen!

Aufgabe 52:
Eine zweischneidige Stellung.
Sollte die Dame weichen, würde
Weiß den Springer schlagen und
gegen den geschwächten Königsflügel des Gegners Angriffschan-
cen erhalten. Jedoch ist Schwarz
am Zug.
1...   ♕f6:f2+!
Nach einem Entblößungsopfer
muß Schwarz Kräfte bereithalten,
um die geschwächte weiße
Königsstellung mit aufeinander
folgenden Keulenschlägen zu zer-
trümmern. Es ist klar – je größer
das geopferte Material ist, desto
zwingender muß der Angriff vonstatten gehen.
2.♔g2:f2   ...
Auch nach Ablehnung des Opfers
mit 2.♔h3 folgt ein zweites Entblößungsopfer, wonach der weiße
König einem konzentrierten
Angriff zum Opfer fällt: 2...
♕:h2+! 3.♔:h2 ♖8e2+ 4.♔h3
♖h1+ 5.♔g4 ♘e5+.
2...   ♖e8–e2+
3.♔f2–f3   ♘c6–e5+
4.♔f3–f4   ♖e1–f1+
5.♔f4–g5   h7–h6+!
Mit diesem Hineinlenkungsopfer
flechtet Schwarz mit Tempogewinn das Mattnetz.
6.♔g5:h6   ♖e2–h2+
7.♔h6:h5   ♖h1–h5 matt

Aufgabe 53:
Die Einschätzung ist hier leicht.
■ Der Druck des Nachziehenden
auf den schwarzen Feldern ist
offensichtlich.

■ Eine tragikomische und passive Rolle spielt der Läufer auf
b1. Er schützt zwar den Bauern
a2, blockiert jedoch seinem
König das Feld b1, dessen Stellung beängstigend beengt ist.
■ Kraß unterscheidet sich die
qualitative Rolle beider Damen –
während sich die schwarze
Dame, unterstützt vom Läufer h6,
in bedrohlicher Nähe des weißen
Königs befindet, „thront" die
weiße Dame wohl hoch im Zentrum, allerdings ohne jegliche
Unterstützung anderer Streitkräfte.
Ganz wesentlich unterscheidet
sich auch die Stellung beider
Türme auf f8 und h1. Der weiße
hat seinen Platz immer noch auf
seinem Ausgangsfeld, während
sein Widersacher schußbereit auf
der offenen f-Linie lauert.
■ Besonders wichtig ist schließlich die unterschiedliche Position
beider Könige – der schwarze
befindet sich auf c8 gewissermaßen in Sicherheit, der weiße
ist von Feinden umringt.
So eine offensichtliche statische
Einschätzung vollzieht sich im
Hirn eines erfahrenen Praktikers
im Bruchteil einer Minute. (Haben
Sie festgestellt, wieviel Zeit Sie
dafür verbraucht haben?). Im
Ergebnis zieht er das Fazit – positionelle Voraussetzungen zu einer
Mattkombination sind vorhanden.
Es folgt eine neue Denkphase –
die Suche nach der Kombination.
Und wirklich, das geübte Auge

erkennt die Gewinnvariante schnell:

1...   ♜ **f8:f3**

Mit diesem Qualitätsopfer wird ein Verteidiger des Punktes d2 vernichtet.

2.g2:f3   ♝ **d5:b3+!**

Der Textzug öffnet dem demaskierten Turm die Linie!

3.a2:b3   ♛ **a3–c1+!**

Ein tödlicher Einschlag – der weiße Turm wird nicht nur vom Punkt d2 abgelenkt, sondern gleichzeitig in eine Blockadestellung hineingelenkt.

4. ♜ **d1:c1**   ♜ **d8–d2 matt.**

■ Es hat sich alles nach der altbekannten Triade abgespielt: Erkennen, prognostizieren, handeln!

Aufgabe 54:

Hier fallen zwei positionelle Faktoren ins Auge:

■ Der schwarze König befindet sich in Gefahr.

■ Der schwarzfeldrige Läufer auf f6 nimmt, unterstützt vom Turm d1, eine dominierende Stellung ein.

■ Weiß darf allerdings den Druck des Nachziehenden auf der halboffenen c-Linie nicht unterschätzen.

26. ♝ **f3–c6+!**

Schränkt noch mehr die Bewegungsfreiheit des schwarzen Königs ein.

26...   ♚ **e8–f8**

27. ♛ **g3–h3!**   ...

Weiß verstärkt unentwegt den Druck gegen die Schwächen der schwarzen Stellung! Es droht bereits 28. ♛h6+.

27...   ♝ **c5–e3+**

28. ♚ **c1–b1**   **g5–g4**

29. ♛ **h3–g3**   ♝ **g6:c2+**

30. ♚ **b1–a1**   ♝ **e3–c5**

31. ♛ **g3–h4**   ♝ **c5–e3**

32. ♜ **d1–d7**   ...

Der entscheidende Einbruch auf die siebente Horizontale!

32...   ♛ **a7–b6**

33. ♝ **f6–e7+**   ♚ **f8–g7**

34. ♜ **f1:f7+!**   ...

Der König wird entblößt und in den Punkt e8 hineingelenkt.

34...   ♚ **g7:f7**

35. ♛ **h4–f6+**   ♚ **f7–e8**

36. ♜ **d7–d8**

Doppelschach und Matt!

ZEHNTE TRAININGSSTUNDE

Es folgen Tests gleicher Art. Hoffentlich haben Sie keine Schwierigkeiten, sie zu meistern. Ich werde sie absichtlich ausführlich erläutern, denn nur das eifrige Lösen entwickelt Ihren kombinatorischen Blick und wird Ihnen auch in der Praxis zusätzliche Sicherheit und Selbstbewußtsein einflößen!

Elfte Partiestellung

55

□ Weiß am Zuge!

Zwölfte Partiestellung

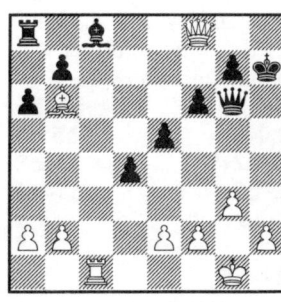

56

■ Schwarz am Zuge!

Vergleichen Sie bitte Ihre Lösungen!

Aufgabe 55:

■ Beide Türme befinden sich außer Spiel.

■ Unsicher ist auch die Position des schwarzen Königs.

■ Dementsprechend stehen alle weißen Kräfte aktiv postiert und sprungbereit zum Angriff.

1. ♖e6:d6! ...

■ Feldorräumung!

Hier macht der weiße Turm durch ein Opfer Platz auf e6.

1...	♛d7:d6
2. ♖f1–f8+	♚d8–c7
3. ♘g5–e6+	♚c7–b6

Die schwarze Majestät muß wandern, da 3... ♚d7 sofort mit 4. ♖d8 matt bestraft wird.

4. ♛h3–e3+	♚b6–b5
5.c3–c4+!	♚b5:c4
6.♛e3–d2+!	♖a3–c3
7.♛d2–b2+	♚b4–a4
8. ♖f8–a8 matt.	

Aufgabe 56:

In jedem Endspielbuch werden Sie die landläufige Konstatierung vorfinden, daß die Partie bei ungleichfarbigen Läufern in der Schlußphase meistens Unentschieden ausgeht. Das ist verständlich, wie die fiktive Situation zeigt, in der ich mit Weiß spielend, einen weißfeldrigen Läufer besitze. Will ich meinen Bauern in eine Dame umwandeln und dabei ein schwarzes Umwandlungsfeld betreten, so wird es mir zumeist nicht nur vom gegnerischen König verwehrt, sondern auch von seinem schwarzfeldrigen Läufer. Hätte ich auch einen derartigen Läufer, so könnte ich den Kampf gegen die Blockade aufnehmen. Nun bin ich aber machtlos, da mein Läufer nur die weißen Felder bestreicht.

■ Übrigens, bei näherem logischen Betrachten lassen sich viele Gesetzmäßigkeiten erklären. Es lohnt sich, derartige Motive selbst herauszufinden.

■ Beachten Sie bitte: Bei Angriffsformationen müssen sich ungleichfarbige Läufer ausgerechnet auf diejenigen Felder konzentrieren, die der entgegengesetzten Felderfarbe des gegnerischen Läufers entsprechen.

1...	♗c8–h3!
2.♛f8–a3	...

Selbstverständlich nicht 2.♛:a8 wegen 2... ♛e4.

2...	♖a8–c1!

Mit diesem Tempozug erobert Schwarz die offene Linie, da 3. ♖:c8 wegen 3... ♛b1+ unmöglich ist.

3. ♖c1–e1	♖c8–c3!

■ Ein schöner Überdeckungszug, um die Dame vom Königsflügel auszuschalten.

4.b2:c3	♛g6–e4
5.f2–f3	♛e4–e3+
6.♚g1–h1	♛e3–f2
7.♖e1–g1	♛e3:e2
8.c3:d4	e5–e4!

Weiß gab auf, denn es droht vernichtend 9... e:f3!

Zum selbständigen Lösen!

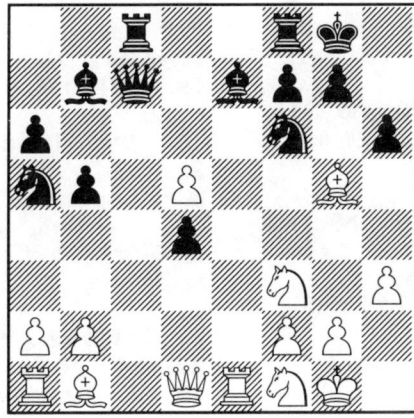

57

■ Als dankbares Angriffsobjekt erweist sich oft der auf h6 vorgeschobene Turmbauer.

18. ♗g5:h6	**g7:h6**
19. ♕d1–d2	**...**

■ Wie würden Sie nach den folgenden Antworten fortsetzen?

■ a) 19... ♔g8–g7?
■ b) 19... ♗b7:d5?
■ c) 19... ♖f8–d8?
■ d) Und was könnte folgen, falls Schwarz das Opferangebot mit 18... ♘f6:d5 (statt 18... g7:h6) ablehnt?

Vergleichen Sie bitte Ihre Lösung!

Aufgabe 57:

a) **19... ♔g7 20.♞g3 ♞g8 21.♞f5+ ♔h8 22.♜:e7!**

b) **19... ♗:d5 20.♛h6 ♗:f3 21.♞g3!**, mit der Drohung ♞f5.

c) **19... ♜fd8 20.♛:h6 ♜:d5 21.♜e4! ♜h5 22.♜g4 ‖ ♞.g4 23.♛:h5 ♞f6 24.♛g5+ ♔f8 25.♛h6+ ♔e8 26.♗f5!**

d) Interessant, daß nach Ablehnung des Opferangebots mit

18... ♞:d5 (anstelle von 18... g:h6) in einer praktischen Partie folgendes geschah:

19.♗:g7! Ein Stich ins Herz des Königs!

19... ♔:g7 20.♛d4+ ♞f6 21.♞e3

■ Ein typisches Strategem der Spanischen Partie. Der Anziehende ist bestrebt, mit dem Springer das Feld f5 zu erreichen.

21... ♜fd8 22.♞f5 ♔f8 23.♛h4 ♞g8 24.♛h8 ♗f6 25.♞g5! ♗:h8 26.♞h7 matt. Wirklich schön gespielt, oder?!

Zum selbständigen Lösen!

Vierzehnte Partiestellung

58

Fünfzehnte Partiestellung

59

□ Weiß am Zuge!

Am schwierigsten ist es oft, die Achillesferse des Gegners aufzuspüren.

■ Betrachten wir die Stellung. Obwohl Weiß eine aktivere Position inne hat, ist kein Gewinnplan zu ersehen. Jedoch das ist nur

□ Weiß am Zuge!

die Stille vor dem Sturm: Erahnen Sie schon den Plan? Was würden Sie mit Weiß spielen?

■ Mein Fingerzeig für Sie: Den Auftakt bildet ein Ablenkungsopfer!

Vergleichen Sie bitte Ihre Lösungen!

Aufgabe 58:

24. ♗g4–e6! ...

■ Ein Ablenkungszug, womit gleichzeitig der Bauer gefesselt wird! Mit einem Schlag hat Weiß die Schwäche der Stellung aufgedeckt!

24... ♚g8–g7
25. ♗e3–h6+! ♚g7:h6
26. ♘d4–f5+! ...

Dieses Opfer verändert die schwarze Bauernstellung gründlich.

26... g6:f5

■ Haben Sie die Variante erkannt, die nach 26... ♚h7 entstünde? Sie lautet:
27. ♖h3+ ♚g8 28. ♘:e7+ ♖:e7
29. ♕:g6+ ♚f8 30. ♖h8+! ♗:h8
31. ♖:f7+ ♚e8 32. ♖f8+! ♚:f8
33. ♕g8 matt.

27. ♕c2–d2

Bereitet die Drohung ♖h3+ vor.

27... ♗f6–g5
28. ♖c3–h3 ♚h6–g6
29. ♗e6:f5+

Schwarz gab auf.

Aufgabe 59:

1. ♘g5:f7 ♚g8:f7
2. ♖h4:h7+! ...

Schwächer wäre 2. ♕:e6+ ♚g7
3. ♗h6+ ♚h8 mit unklarem Spiel.

2... ♚f7–g8

2... ♘:h7 3. ♕:e6+, und nach ♗:g6 bricht die schwarze Stellung vollends zusammen.

■ Sehen Sie, so schnell kann eine schützende Bauernbarrikade vernichtet werden!

3. ♖h7–h6 ♗e7–f8
4. ♖h6:g6+ ♗f8–g7
5. ♗c1–h6 ♘d5–f4
6. ♖g6:g7+ ♕c7:g7
7. ♗h6:f4

Schwarz gab auf.

Zum selbständigen Lösen!

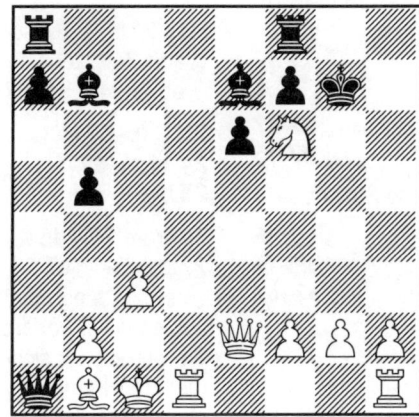

60

Sechzehnte Partiestellung
☐ Weiß am Zuge!

Die Abschätzung ist eindeutig:
■ Der schwarze König auf g7 steht völlig entblößt. Die weiße Idee ist ganz offensichtlich: Es kommt darauf an, diesen König schnellstens mattzusetzen.
■ Hier muß die Berechnung zu Worte kommen!
■ Ihre Aufgabe besteht darin, zwei Varianten exakt und schnell durchzurechnen:
■ 1) 21...   ♔:f6?
 2) 21...   ♖f8–h8?

Vergleichen Sie bitte Ihre Lösung!

Aufgabe 60/1):

21...	♚g6:f6
22.♖h1–e1	♗e7–a3
23.♕e2–e5+	♚f6–e7
24.♕e5–g5+	f7–f6

Falls 24... ♚e8, so 25.♕:b5+!

25.♖e1:e6+!	♚e7:e6
26.♕g5–f5+	♚e6–f7
27.♖d1–d7+	♗a3–e7
28.♕f5–h7+	

Aufgabe 60/2):

21...	♖f8–h8
22.♕e2–g4+	♚g7–f8

Falls 22... ♚:f6, so 23.♖he1
♖ad8 24.♖:e6+ f:e6 25.♕g6+
♚e5 26.f4+ ♚:f4 27.♕g3+.

23.♘f6–d7+	♚f8–e8
24.♕g4–g7	♖h8–f8
25.♖h1–e1!	...

Es droht 26.♘f6+ ♗:f6
27.♖:e6+ ♗e7 28.♖:e7+
♚:e7 29.♕e5 matt! Schwarz ist
auf jeden Fall verloren.
Sie werden mir sicherlich zustimmen: Der Kampf gegen den exponierten König erfordert keine
Kommentare!

Zum selbständigen Lösen!

Was die nun folgende Studie angeht, so will ich meine ganz persönliche Einstellung zu ihr nicht verbergen – ich denke, sie ist wahrlich ein funkelnder Juwel.

□ Weiß zieht und gewinnt!

Es scheint, daß ein Sieg für Weiß schier unmöglich ist – zu gefährlich weit ist der schwarze Bauer auf c3 schon vorangeschritten. Hier können Sie sich eindrucksvoll davon überzeugen, daß die Synthese nur aufgrund einer konkreten Analyse, einer exakten Variantenberechnung möglich wird. Die Lösung kann nur nach unentwegtem Probieren ermittelt werden. Ich warne Sie – das ist wirklich keine leichte Arbeit!

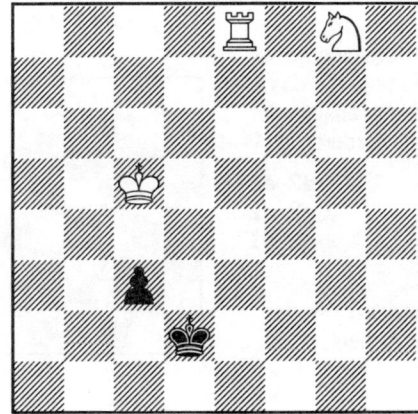

60a

Vergleichen Sie bitte Ihre Lösung!

Haben Sie die Studie gelöst?

Aufgabe 60a:

1. ♞g8–f6   **c3–c2**

Unglücklicherweise befindet sich der weiße König auf der Umwandlungslinie des Freibauern. Das erhöht noch die Dramatik des Kampfes …

2. ♞f6–e4+   ♚d2–d3
3. ♞e4–f2+   ♚d3–c3
4. ♜e8–e3+   ♚c3–d2
5. ♜e3–d3+!   …

Beachten Sie die folgende geistreiche Umgruppierung, die das harmonische Zusammenspiel der weißen Streitkräfte fördert!

5.…   ♚d2–e2
6. ♜d3–c3!   ♚e2–d2
7. ♞f6–e4+   ♚d2–d1
8. ♜c3–d3+   …

Jeder Zug des Anziehenden verdient ein Ausrufezeichen!

8.…   ♚d1–e1
9. ♜d3–e3+   ♚e1–d1
10. ♞e4–c3+   ♚d1–d2
11. ♚c5–d4!   …

Was für ein Triumph der koordinierten Zusammenarbeit aller Streitkräfte!

11.…   **c2–c1**♛

Der Freibauer hat sein Ziel erreicht, jedoch ist der schwarze König unterdessen in ein unzerreißbares Mattnetz geraten.

12. ♜e3–e2 Matt!

60b

ELFTE TRAININGSSTUNDE

Mit der Entwicklung der Theorie, der Schachmethodik sowie der ergiebigen Informationsquellen in allen Bereichen des Schachspiels stellt sich ganz unversehens die Frage: Wird der Schachspieler des 21. Jahrhunderts ein derart vielseitig entwickelter Spezialist sein, daß sein globales theoretisches Wissen ihn vor jeder unvorhergesehenen Überraschung schützt? Und welche Mittel werden dem Kontrahenten zur Verfügung stehen, um die Oberhand über den Gegner zu erhalten?
Ich glaube fest daran, daß im Schach auch in Zukunft das schöpferische, kreative Spiel ausschlaggebend sein wird! Es wird eben nicht die exakte Vorausberechnung der Züge sein, die sich aus der Stellung ergeben (diese Aufgabe bewältigt in unseren Tagen schon der Computer), sondern jene Züge werden über Sieg und Niederlage entscheiden, deren Folgen nicht klar vorauszuberechnen sind.
Selbstverständlich verlangt ein derartiges Vorgehen vor allem mutige, risikofreudige Schachspieler. Wie sich das Spiel in einem derartigen Bereich gestalten könnte werden Sie aus den folgenden Beispielen erkennen lernen.

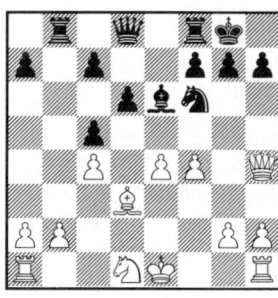

61

Es folgte:

17...	d6–d5!?
18.e4:d5	♗e6–d5!?
19.c4:d5	♛d8:d5

Schauen wir einmal genau hin: Was ist im Zentrum geschehen?
■ Nun, Schwarz hat eine Figur geopfert und dafür keine genügende materielle Kompensation erhalten.
Er ließ sich aber von der Mutmaßung leiten, daß der Druck auf der offenen e-Linie gegen den im Zentrum befindlichen weißen König ihm einfach eine anhaltende Initiative sichern müßte.

| 20.♛h4–g3 | ♜f8–e8+ |
| 21.♗d1–e2 | ♜b8–d8 |

Der Textzug ist schon mit einer direkten Drohung verbunden:
22... ♜:e2+ 23.♚:e2 ♛c4+!
nebst ♜e8+ oder elementar

107

22... ♛d2+.

Das prickelnde für Schwarz
besteht darin, daß er Vorteil in
der Entwicklung hat. Nun muß er
jedoch seinen Zeitgewinn nutzen,
d. h. es gilt, den Gegner mit for-
cierten Drohungen ständig zu
beschäftigen.

22. ♞d1–c3   ♛d5–d2+
23. ♚e1–f1   ...

Das erste Ziel ist erreicht – der
weiße König hat das Recht auf
die Rochade endgültig verloren.
Damit ist zugleich der Königsturm
vorläufig aus dem Spiel ausge-
schaltet.

23...   ♞f6–d5!

Das Ihnen schon bekannte Bild –
der Gegner wird mit einer neuen
Drohung beunruhigt. Daß man als
Nachziehender dabei materiell im
Rückstand ist, belastet die Psy-
che angesichts des klaren Stel-
lungsvorteils wenig.

■ Übrigens, versuchen Sie beim
Nachspielen von Partien großer
Meister, sich in deren seelische
Verfassung zu versetzen! Nur
wenn Sie diese in betracht ziehen, kann man solche Partien
erst richtig einschätzen und wird
nicht zuletzt von Mut und Einfalls-
reichtum der Sieger begeistert
sein.

24. ♜a1–e1   ♞d5:f4
25. ♛g3–f2   ♜d8–d4
26. g2–g3   ♞f4–h3
27. ♛f2–f5   ♛d2:b2
28. ♛f5:h3   ...

Besser war vielleicht dennoch

28. ♞d1, obwohl Schwarz mit
28... ♛d2! die Initiative behalten
würde.

28...   ♛b2:c3
29. ♛h3–f5   ♜d4–e4

Von dieser Fesselung wird sich
Weiß nicht befreien können.

30. ♛f5–f2   ♛c3–d2
31. ♜h1–g1   ♜e4–e6!

Ein prosaisch anmutender Zug.
Allerdings wird sich die Wirkung
dieses Turmes nach der Über-
führung auf die f-Linie sprunghaft
erhöhen.

32. ♜g1–g2   ♜e6–f6
33. ♝e2–f3   ♜e8:e1+

Weiß gab auf.

■ Bei der kritischen Betrachtung
derartiger Partien darf man die
Stichhaltigkeit dieser oder jener
Züge nicht vom Standpunkt der
„reinen Vernunft" bzw. der „klaren
Logik" einschätzen. Das versuchen übrigens die „allwissenden"
Kritiken auf der Suche nach Fehlern, um den Wert derartiger Partien zu schmälern.
Im folgenden Beispiel gebe ich
Ihnen die Gelegenheit, selbst
intuitive Züge zu entdecken und
damit gleichsam in die Haut der
Mutigen zu schlüpfen. Natürlich
würde ich eines gerne wissen:
Wie haben Sie sich dabei gefühlt?

Tests zur siebzehnten Partiestellung

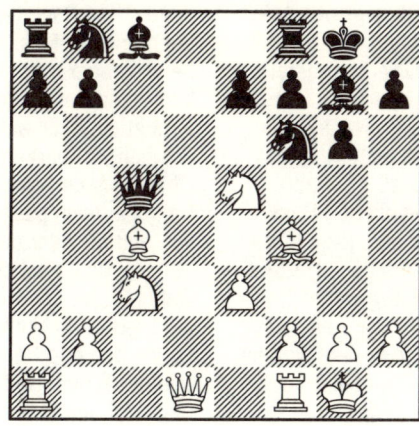

62

■ Schwarz spielte nun 11… ♘b8–d7. Würden Sie sich getrauen, jetzt **12. ♗c4:f7+** zu ziehen? Falls ja, so versuchen Sie, einen Variantenzweig nach diesem Opfer anzufügen!

Aufgabe 62:

62 a: **Weiß:** ♔g1, ♕b3, ♖f1, ♖a1, ♗f4, ♘c3, ♙a2, b2, e3, f2, g2, h2 (12)
Schwarz: ♔f8, ♕c5, ♖a8, ♗c8, ♗g7, ♘d7, ♘f6, ♙a7, b7, e7, g6, h7 (12)
□ 15.?

62 b: **Weiß:** ♔g1, ♕b3, ♖c1, ♖d1, ♗f4, ♘c3, ♙a2, b2, e3, f2, g2, h2 (12)
Schwarz: ♔f8, ♕a5, ♖a8, ♗c8, ♗g7, ♘d7, ♘f6, ♙a7, b7, e7, g6, h7 (12)
□ 17.?

62 c: **Weiß:** ♔g1, ♕b4, ♖c1, ♖d1, ♗f4, ♘d5, ♙a2, b2, e3, f2, g2, h3 (12)
Schwarz: ♔f8, ♕e6, ♖a8, ♗g7, ♗c8, ♘e8, ♘d7, ♙a6, b5, e7, g6, h7 (12)
□ 21.?

Vergleichen Sie bitte Ihre Lösung!

■ Was geschah eigentlich in der Partie?

Wie nach der Partie festgestellt wurde, hätte Schwarz 11... ♞c6 spielen sollen. Dem Nachziehenden gefiel jedoch nicht, daß er nach 12.♞a4 ♛a5 13.♞:c6 b:c6 mit einem isolierten Bauern auf der halboffenen c-Linie hätte vorlieb nehmen müssen. Hätte er doch bloß einen Zug weiter gerechnet! Sicher wäre er dann auf 14... ♞d5 gestoßen, wonach die Aktivierung des Läufers auf g7 den Nachteil in der Bauernkonfiguration völlig kompensiert.

■ Übrigens, das ist ein typischer Denkfehler – eine aus der Ferne erspähte statische Schwäche wirkt dominierend, wobei man die konkreten dynamischen Chancen überhaupt nicht in Betracht zieht ...

12. ♗c4:f7+!? ...

Ein rein intuitives Opfer. Interessant ist die verschiedenartige Meinung etlicher Großmeister: „Bei solchen Opfern muß man nur Vertrauen in die Stellung haben und Vertrauen zu sich selbst", meint Rudolf Spielmann, ein Bahnbrecher auf dem Gebiete des intuitiven Opferspiels.

„Es ist schwer zu behaupten, daß das Opfer völlig korrekt ist. Weiß hat keine konkreten Drohungen, und der Nachziehende ist materiell leicht im Vorteil. Aber Schwarz muß ein schweres Problem lösen – die Entwicklung seines Damen-

flügels", so Paul Keres. „Dennoch, meiner Meinung nach bedürfen derartige Opfer keiner konkreten Berechnung. Es genügt ein Blick auf die Stellung, um sich zu überzeugen, daß das Opfer einfach korrekt sein muß! Denn nach ein paar Zügen sehen wir, daß die Figuren des Anziehenden ideal postiert sind, während der schwarze Damenflügel friedlich schlummert. Vorläufig werden der Turm a8 und der Läufer c8 dem Kampf fernbleiben müssen", findet Michail Tal.

12... ♜f8:f7
13.♞e5:f7 ♚g8:f7
14.♛d1–b3+ ♚f7–f8
15.♜a1–c1! ...

■ Das eigenartige, schwierige und aufregende bei den intuitiven Opfern ist der Umstand, daß man unentwegt auf der Suche nach unentdeckten Reserven sein muß, die erstens zu Beginn des Opfers in Nebel gehüllt sind und zweitens muß der Zug unbedingt mit versteckten Drohungen verbunden sein. Anderenfalls lassen wir den Gegner zu Wort kommen, und er wird gestützt auf seinen Materialvorteil rasch Verteidigungsmaßnahmen einleiten können. Aber so ein Spiel auf des Messers Schneide kostet Nerven und erheischt ständige Aufmerksamkeit, was viel geistige Energie verbraucht. Zumeist sind dann Fehler die zwangsläufige Folge.

Was den Textzug anbetrifft, so ist er schon mit gefährlichen Drohungen verbunden: 16.♘b5 ♛d6 17.♘c7 gefolgt von ♘e6+. Ich wäre froh, wenn Sie diesen Zug auch selbst gefunden hätten...

15...	a7–a6
16.♖f1–d1!	...

■ Ich glaube, daß beim Nachspielen von Meisterpartien junge Spieler oft den Fehler begehen, viele Züge flüchtig, gewissermaßen im „Vorübergehen" vor ihren Blicken dahingleiten lassen. Manchmal beachten wir auch einen Zug nicht, da wir ihn als „selbstverständlich" auffassen. Oft geschieht es jedoch, daß gerade derartige Züge die günstigen Ausgangsstellungen zu den künftig aktiven Handlungen schaffen. Was den „normalen" Textzug anbetrifft, so droht schon 17.♘d5, aber auf 16... ♛b6 wollte der Anziehende 17.♛a3! spielen, mit anhaltendem Druck.

16...	♛c5–a5

Jetzt braucht der Nachziehende nur zu 17... ♘c5 kommen und die Entwicklung des Damenflügels wäre gelöst. Aber...

17.♛b3–c4!   ...

Wiederum aufmerksam und stark gespielt! Der Damenzug muß als wichtiger **Hemmungszug** aufgefaßt werden, der gegen die geplante entlastende Fortsetzung 17... ♘c5 gerichtet ist.

17...	♛a5–f5
18.h2–h3	♘f6–e8
19.♘c3–d5	♛f5–e6
20.♛c4–b4!	...

Ausgezeichnet! Die Dame schielt in Richtung e7 und räumt gelegentlich dem Turm das Feld c4 ein, was vor allem nach 20... ♗c5 bedeutsam ist.

20...	b7–b5

Ein logischer Zug, um mit 21... ♗b7! die Entwicklung zu fördern. Wiederum muß sich Weiß anstrengen, etwas Starkes zu erspähen. Diesmal ist es ein **Ablenkungsopfer...**

21.♖c1–c6!	♛e6–f7
22.♘b5–c7	♘e8:c7
23.♖c6:c7	♛f7–e6
24.♖d1–c1	♘d7–b6
25.♖c7:e7!	♘b6–d5

Auf 25... ♛:e7 wäre die Dame nach 26.♗d6 in eine Fesselung hineingeraten.

26.♖e7:e6	♘d5:b4
27.♗f4–d6+	

Schwarz gab auf.

■ Was die erfolgreiche Realisierung eines intuitiven Opfers anbelangt, muß unterstrichen werden, daß sie nicht nur dem „sechsten Sinn" entspringt und auch nicht immer reibungslos vonstatten geht. Davon zeugt die folgende lehrreiche Partie, mit der wir unsere letzte Trainingsstunde beginnen wollen.

Schach

Computervertrieb

Top Secret: Der TASC R30

Der Schachcomputer der nächsten Generation:
Luxusholzbrett mit automatischer Figurenerkennung
Leistungsstarke Hard- und Software • Großes Display • PC-Schnittstelle

❏ Brett und Figuren

40x40 cm großes Walnuß-Brett mit 4,5x4,5 cm großen Feldern, die jeweils mit vier LEDs ausgestattet sind. Bretthöhe: 2 cm(!!). Das Schachbrett ist in der Lage, die Figuren zu erkennen. Neben den mitgelieferten Holzfiguren, die dem Bohemia Modell des Deutschen Schachbundes entsprechen, kann man seine eigenen Figuren benutzen, falls sie einen Bodendurchmesser von mindestens 2,4 cm haben.

❏ Programm

Das sehr gute Programm „The King" von Johan de Koning wird angetrieben von einem 30 MHz getakteten 32 bit RISC-Prozessor, der auf 256 KB ROM und 512 KB RAM zurückgreifen kann. Damit enthält der TASC R30 nicht nur die schnellste Hardware, die es derzeit auf dem Markt gibt, er ist auch doppelt so schnell wie vergleichbare Produkte. Eine Spielstärke von über 2.300 ELO-Punkten darf daher erwartet werden.

Ergänzt wird die geballte Rechenkraft von einer ca. 200 KB großen Eröffnungsbibliothek.

❏ Display

Die 15x5 cm große Anzeige des TASC R30 läßt so manchen Laptop-Benutzer vor Neid erblassen: Neben 8 Textzeilen mit jeweils 40 Zeichen, die verschiedene Informationen anzeigen, steht ein Graphik-Modus zur Verfügung, der z. B.

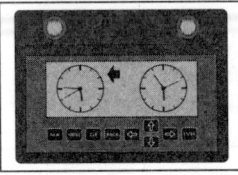

Das Operator-Modul: Druckknöpfe, Display und Bedienfeld.

zwei analoge Schachuhren oder die Züge mit über 2 cm großen Buchstaben darstellt.

❏ PC-Verbindung

Das Operator-Modul und das Brett können jeweils mit einem IBM-PC-kompatiblen Rechner verbunden werden. Darüber hinaus ist das Einlesen und Schreiben von Schachprogrammen und/oder Eröffnungsbüchern bis zu 128 KB möglich (Kommunikationssoftware ab März 1993).

❏ Voraussichtlicher Preis

Die ersten Geräte sind für Dezember 1992 angekündigt. Die Serienproduktion wird Januar/Februar 1993 gestartet. Inklusive Netzteil und zweijähriger Garantie wird der TASC R30 für weniger als DM 3.000,– erhältlich sein.

ZWÖLFTE TRAININGSSTUNDE

Tests zur siebenten Partie

Aufgabe 63:

63 a: **Weiß:** ♔e1, ♕d1, ♖a1, ♖h1, ♗c1, ♗e2, ♘c3, ♘f3, ♙a2, b2, c2, d4, e4, f4, g2, h2 (16)

   Schwarz: ♚e8, ♛b6, ♜a8, ♜h8, ♝f8, ♝g4, ♞d7, ♞f6, ♟a7, b7, c6, d6, e7, f7, g7, h7 (16)

   ☐ 7.?

63 b: **Weiß:** ♔g1, ♕e2, ♖a1, ♖f1, ♙a2, c2, c3, d4, e5, f4, g2, h2 (13)

   Schwarz: ♚f7, ♛b6, ♜a8, ♜h8, ♝f8, ♞d7, ♟a7, b7, c6, d6, e6, g7, h7 (13)

   ☐ 13.?

Aufgabe 64:

64 a: **Weiß:** ♔g1, ♕c4, ♖f1, ♗c1, ♙a2, c2, c3, d4, g2, h2 (10)

   Schwarz: ♚d6, ♛b1, ♜a8, ♜h8, ♝f8, ♞d7, ♟a7, b7, c6, e5, g7, h7 (12)

   ☐ 17.?

64 b: **Weiß:** ♔g1, ♕c4, ♖b1, ♙a2, c2, c3, d4, g2, h2 (9)

   Schwarz: ♚c7, ♜a8, ♜h8, ♝a3, ♞d7, ♟a7, b7, c6, e5, g7, h7 (11)

   ☐ 19.?

64 b: **Weiß:** ♔g1, ♕b7, ♖b1, ♙a2, c2, c3, d4, g2, h2 (9)

   Schwarz: ♚d6, ♜a8, ♜h8, ♝e7, ♞d7, ♟a7, c6, e5, g7, h7 (10)

   ☐ Weiß zog nun logisch 21.d4:e5+, was jedoch in der konkreten Situation falsch ist. Wie hätte er richtig fortsetzen müssen, um Raumvorteil zu verbuchen?

Siebente Partie

Pirc – Ufimzew – Verteidigung

Tal – Simagin
Leningrad 1956

1.e2–e4	c7–c6
2.d2–d4	d7–d6
3.♘b1–c3	♘g8–f6
4.f2–f4	♛d8–b6
5.♘g1–f3	♗c8–g4
6.♗f1–e2	♘b8–d7
7.e4–e5	♘f6–d5
8.0–0	♘d5:c3
9.b2:c3	e7 c6

Hier wollte der Nachziehende zunächst sofort 9...♗:f3 spielen, um 10.♗:f3 mit 10...e7–e6 zu beantworten.

10.♘f3–g5!	♗g4:e2
1..♛d1:e2	h7–h6

Auf 11...♗e7, was die Rochade vorbereitet, könnte sehr stark 12.f4–f5! folgen.

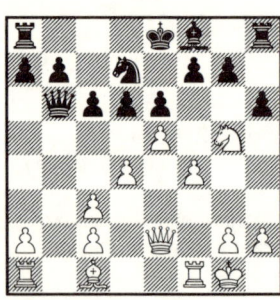

63

■ Es scheint so, daß der Nachziehende Weiß zum folgenden intuitiven Opfer geradezu herausfordern wollte. Und das gelang ihm auch!

12.♘g5:f7!?	♔e8:f7
13.f4–f5!	...

Es gilt, die f-Linie für den Turm zu öffnen!

13...	d6:e5
14.f4:e6+	♔f7:e6

So, der schwarze König ist in eine unsichere Stellung hineingezerrt worden.

■ In derartigen Situationen läuft man Gefahr, den König unentwegt verfolgen zu wollen. Nach 15.♛c4+ ♔d6 16.♗a3+ ♔c7 hätte Weiß jedoch nichts erreicht. Es scheint so, als habe sich der Angriff in eine Sackgasse verlaufen. Und darin besteht auch die psychologische Schwierigkeit bei derartigen Opfern: das Bewußtsein, daß man schwere materielle Opfer getragen hat, lastet auf dem Spieler. Nun muß er nämlich unentwegt Außergewöhnliches erfinden, um die Spannung aufrechtzuerhalten und den Gegner zu zwingen, schwere Probleme zu lösen.
Außerdem, da der Gegner materiell im Vorteil ist, erhöht sich seine Widerstandsfähigkeit – er spürt nicht selten unverhoffte Ressourcen auf die ihm gestatten, daß eingeheimste Material zurückzugeben und vorteilhafte Vereinfachungen zu erzwingen. Freilich, das Balancieren am Rande des Abgrundes, das Aufspüren und die Entdeckung verborgener Möglichkeiten, übt auf den Angreifer einen eigenartigen kreativen Reiz aus, oder?!

Kommen wir zur Partie zurück. Der Anziehende steht vor einer nicht leichten Aufgabe, einen Zug zu finden, der das Angriffsfeuer entfachen soll. Schwierig dabei ist, daß auf den ersten Blick kein augenscheinlicher aktiver Zug, geschweige denn eine Drohung, zu sehen ist. Sicher, die Stellung ist unklar, aber da man sich hier nicht von allgemeinen positionellen Erwägungen allein leiten lassen darf, bleibt dem Angreifer nichts weiter übrig, als nach konkreten Varianten Ausschau zu halten. Das gelingt dem Anziehenden mit seinem nächsten Zug besonders eindrucksvoll.

■ So, welches Fazit könnten wir nach den aufregenden Geschehnissen ziehen?

■ Natürlich, Weiß hat die Dame erobert, doch Schwarz besitzt für diese mächtige Figur ein genügendes Äquivalent.

■ Falls nicht materiell, so doch positionell, zeichnet sich ein Vorteil für Weiß ab: Er hat einen gewissen Entwicklungsvorsprung und was noch wichtiger ist – der schwarze König befindet sich in Gefahr. Obwohl die Richtung der zukünftigen Handlungen klar vorgeschrieben ist, muß man die genauen Varianten erst mal erkennen, da die Stellung einen konkreten Charakter angenommen hat.

19. ♕c4–b3!   ♗a3–e7
20. ♕b3:b7+   ♚c7–d6

64

64a

15. ♖a1–b1!   ♕b6:b1

Die Annahme des Opfers ist erzwungen, da nach 15... ♕a6 16. ♕g4+ ♚d6 17. d:e5 ♚c7 18. ♗f4 die Lage des schwarzen Königs sehr ungemütlich wäre.

16. ♕e2–c4+   ♚e6–d6
17. ♗c1–a3+   ♚d6–c7
18. ♖f1–b1   ♗f8:a3

21. d4:e5+?   ...

Ach, die Schablone! Das impulsive Streben, den König an die „frische Luft" zu setzen, bekommt hier leider die Oberhand! Das so logisch erscheinende Postulat erweist sich in dieser konkreten Position als Schall und Rauch. Vorteil könnte Weiß mit 21. ♖d1 verbuchen. Falls Schwarz mit 21… e5–e4 die Stellung geschlossen halten möchte, würde ihm das nach 22.d4–d5! schwerlich gelingen. Nach dem Fehlzug mußte Weiß zweimal gewinnen (psychologisch eine schrecklich unangenehme Sache!) und dabei einen kleinen Amoklauf seines Königs in Richtung der gegnerischen Gefilde erdulden. Den dramatischen Schlußakt, der schon nicht mehr zu unserem Thema gehört, bringe ich deshalb in Kurznotation.

21… ♘:e5 22.♖d1+ ♔e6
23.♕b3+ ♔f5 24.♖f1+ ♔e4
25.♖e1+ ♔f5 26.g4+ ♔f6
27.♖f1+ ♔g6 28.♕e6+ ♔h7
29.♕:e5 ♖he8 30.♖f7 ♗f8
31.♕f5+ ♔g8 32.♔f2 ♗c5+

33.♔g3 ♖e3+ 34. ♔h4 ♖ae8!
35. ♖:g7+ ♔:g7 36.♕:c5…
♖8e6?

64b

(Richtig war 36… ♖8e7
37.♕:c6 ♖f7) 37.♕:a7+ ♔g6
38.♕a8 ♔f6 39.a4 ♔e5 40.a5
♔d5 41.♕d8+ ♔e4 42.a6 ♔f3
43.a7 ♖3e2 44.♕d3+ ♔6e3
45.♕:e3+
Schwarz gab auf.

Zum selbständigen Lösen!

Unsere zwölfte und letzte Trainingsstunde möchte ich mit Tests beschließen. Vielleicht sind Ihnen davon welche bekannt. Mich interessiert jedoch vielmehr, ob Sie auf den ersten Blick das „Salz" in der Suppe finden können.

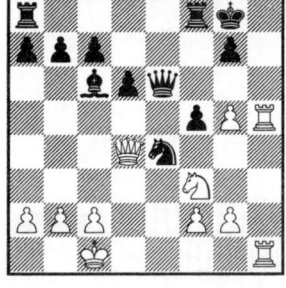

65

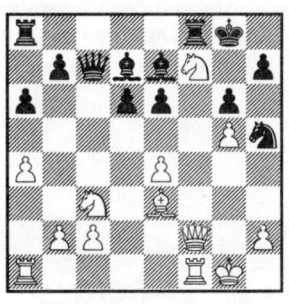

66

□ Weiß ist jeweils am Zuge!
□ Bitte erklären Sie kurz verbal die Lösung!

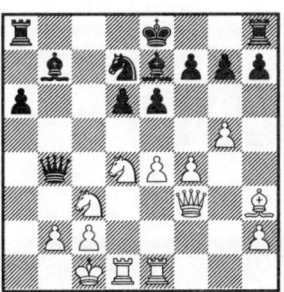

67

□ Weiß ist jeweils am Zuge!

Im Schach geschieht es oft – man denkt zu schieben und wird geschoben.

68

■ Es beginnt mit einem typischen taktischen Einfall, den jeder Praktiker kennen muß...

Vergleichen Sie bitte Ihre Lösungen!

Aufgabe 65:
Die Einschätzung der Stellung macht keine Schwierigkeiten.

■ Schwarz hat eine Mehrfigur, dafür muß er dem Anziehenden aber einen gefährlichen Druck auf der h-Linie einräumen.

■ Um aber das Mattnetz zu flechten, muß dem schwarzen König das Feld f7 abgeschnitten werden.

■ Aber wie soll das erreicht werden? Nach 1.g6 ♛:g6 2.♛c4+ folgt 2... d5, und der schwarze König wird über f7 entkommen können.

Um den Zug d5 zu verhindern, muß vorerst der Bauer nach e5 abgelenkt werden:

1.♘f3–e5	d6:e5
2.g5–g6	♛e6:g6
3.♛d4–c4+	♜f8–f7
4.♜h5–h8 matt.	

Ich bin sicher, daß Sie die Kombination gesehen haben, aber mir geht es darum festzustellen, ob sich die Grundidee in ihrem Langzeitgedächtnis abgelagert und Ihnen assoziatives Material zur Lösung des nächsten Tests geliefert hat?

Aufgabe 66:
Weiß hat enormen Druck auf der f-Linie ausgeübt, der Springer hat sich in feindliche Lager eingeschlichen, aber ein Schach auf h6 ergibt nichts. Ja, falls ihm noch ♝d4+ folgen könnte, wäre alles

perfekt, denn nach e6–e5 hat Weiß wiederum nichts erreicht. Falls Sie aber das vorhergegangene Beispiel aufmerksam gelöst haben, springt die wunderbare Gabe der Assoziation ein!

22.♘c3–d5!

Es gilt den Bauern nach d5 hinzulenken!

22...	e6:d5
23.♘f7–h6+	♚g8–g7

Es hilft auch nicht 23... ♚h8 wegen 24.♝d4+ ♘g7 25.♝:g7+ ♚h8 26.♛d4+ ♝f6 27.♜:f6 ♛c5 28.♜f7++! Abzugsdoppelschach!

24.♛f2–f7+!	♜f8:f7
25.♜f1:f7+	♚g7–h8
27.♜f7:f6	

Auf 27... ♘:f6 folgt 28.♝:f6 matt.
Schwarz gab auf.

Aufgabe 67:
Nach 14.♝d4:g7 machte Schwarz den Zwischenzug 14... ♛e4:g2, in der Annahme, daß er nach 15.♝f3 ♜e8+ und nachfolgendem ♚:g7 nichts zu fürchten hätte. Aber im Schach kann uns jedoch etwas Unerwartetes einen dicken Strich durch die Rechnung machen...
Es folgt:

15.♛d1–d4!

Damit macht Weiß fürchterlichen Druck auf die schwarzen Felder. Allerdings nicht auf besonders billige „Kosten", sondern für die Hergabe beider Türme...

15...	♕g2:h1+
16.♔e1–d2	♕h1:a1
17.♕d4–f6!	

Schwarz gab auf.
Die Pointe – nach dem Damenzug blieb die Tür zum Käfig fest geschlossen. Daher geht nicht 17.♗h6 wegen f6.
Nach 17... ♕:a2 18.♗h6 ♕a5+ 19.♔c1! ♕e1+folgt 20.♗d1 mit Gewinn. Falls 19... ♕a4+, so 20.♔b2, und Schwarz ist nicht imstande, die Abwesenheit der gegnerischen Dame auszunutzen.

Aufgabe 68:
Es ist eine typische Mittelspielstellung aus der Sizilianischen Verteidigung entstanden.
Schwarz läßt seinen König im Zentrum stehen, um vorerst Gegenangriff auf dem Damenflügel zu erhalten. Der Nachteil der schwarzen Stellung äußert sich im Umstand, daß die schwarzen Türme unentwickelt dastehen,

während Weiß seine schweren Geschütze im Zentrum aufgestellt hat. Was den Turm e1 anbelangt, so nimmt er gewissermaßen eine Hinterhaltsstellung ein. Mit dem folgenden Springeropfer öffnet sich dann mit dröhnender Kraft die e-Linie.

17.♘c3–d5!	...

■ Bitte merken!

17...	e6:d5

Schwarz verliert auch nach 17... ♕a5. Es kann folgen: 18.♘:e7 ♔:e7 19.♘f5+ (Nun von der anderen Seite!) 19... e:f5 20.e:f5 und ♖e3.

18.e4:d5	♘d7–b6
19.♖e1:e7+	...

Vernichtet den Verteidiger und entblößt den König – schon oft gesehen, hoffentlich erinnern Sie sich?!

19...	♔e8:e7
20.♕f3–e4+	♔e7–d8
21.♘d4–c6+	♗b7:c6
22.♕e4:b4	

Das hat noch gefehlt...
Schwarz gab auf.

NOTIZEN

ANHANG

Struktur des Kampfverlaufs der ersten Partie

Zug- zahl	Zwingendes Mittel	Ideengehalt
15.	♗e4:d5	Nach Abtausch erweist sich der weiße Springer dem schwarzen Läufer positionell überlegen.
30.	h2–h4!	Der weiße Bauer pirscht sich an den schwarzen auf g5 heran. Nach Tausch auf g5 besetzt Weiß die offene h-Linie.
35.	♘d3–e1!	Beginn des Springermanövers, um via c2 – e3 – f5 – g3 – h5 den Druck gegen den schwarzen Bauern f6 zu verstärken. Der Angriff richtet sich gegen den schwächsten Punkt.
36.	♔b4–c5	Maximal aktives Zusammenspiel aller weißen Kräfte. Bitte merken – das ist das wichtigste aller Schachprinzipien!

Struktur des Kampfverlaufs der zweiten Partie

Zug- zahl	Zwingendes Mittel	Ideengehalt
5.	b2–b3	Um nach 6.♗b2 dem gegnerischen Läufer g7 zu opponieren, was gleichfalls a priori die Wirkungssphäre der gegnerischen Kräfte neutralisiert.
14...	♗c6:d5	So ein zentralisierendes Roß muß getauscht werden!
20.	h2–h4!	Um den Bauern nach h5 vorzuschieben, damit nach h5:g6 die Bauernstellung des schwarzen Königsflügels gelockert wird.
25.	g2–g4!	Derartige Bauernzüge brechen die gegnerische Bauernphalanx entscheidend auf und wirken oft als Vorläufer des Königsangriffs.

Struktur des Kampfverlaufs der dritten Partie

Zug-zahl	Zwingendes Mittel	Ideengehalt
13.	♘c3–d5!	Mit Hilfe einer taktischen Drohung (14.♗:f6 ♛:f6 15.♘:c7) wird der Druck im Zentrum verstärkt.
14.	c2–c4!	Hemmt den möglichen schwarzen Befreiungsversuch d6–d5.
19.	♘c3–d5!	Erzwingt den Tausch des zentralisierten schwarzen Springers. Danach öffnet sich Weiß eine Linie, auf der nun Druck gemacht wird.
21.	g2–g3!	Bereitet f2–f4 vor, um sowohl den schwarzen Springer vom Punkt e5 zu vertreiben als auch den Tausch des schwarzen fianchettierten Läufers zu erzwingen. Gleichzeitig wird die Königsstellung des Nachziehenden geschwächt.
24.	♗e2–g4!	Mittels der Drohung wird der Gegner zu schwächenden Zügen (f7–f6) gezwungen.
25.	h2–h4!	Um nach 26.h5 die Bauernstellung des Gegners aufzulockern und die Königsstellung zu schwächen.
32.	♖c1–c3!	Der gegnerische Freibauer muß frühzeitig blockiert werden.
37.	e4–e5!	Ein Bauerndurchbruch im Zentrum führt zur Entblößung des schwarzen Königs.

Struktur des Kampfverlaufs der vierten Partie

Zug-zahl	Zwingende Mittel	Ideengehalt
7.	♘g1–f3	Rückgabe des Mehrbauern, um das Gegenspiel des Nachziehenden zu stoppen und deutlichen Stellungsvorteil zu sichern.
13.	♛d1–d2!	Unterstreicht konkret den Unterschied zwischen einer schablonenhaften und einer schöpferischen Einstellung.
14.	♛d2 c3!	Hemmt die vom Gegner beabsichtigte lange Rochade.
17.	e4–e5!	Das Überschreiten der Demarkationslinie bedeutet vom strategischen Standpunkt her Raumverlust.
19.	f4–f5!	Eine vorrückende Bauernwalze wird installiert.

| 22. | ♗d3–c4! | Das Überführen des Läufers auf eine aktive Stellung (Diagonale) wirkte entscheidend. |
| 26. | e5–e6! | Der Bauernvorstoß ereignet sich, um Zugstraßen für die Figuren zu öffnen. |

Struktur des Kampfverlaufs der fünften Partie

Zugzahl	Zwingende Mittel	Ideengehalt
18.	♘b3–d2!	Mit dem Ziel, mittels ♘d2–c4 den schwachen Punkt anzugreifen.
21.	♕b3–b6!	Der Damentausch wird angeboten, um dem schwarzen Gegenangriff von vornherein die Kraft zu nehmen.
23.	♖f1–b1!	Weiß verzichtet auf Bauerngewinn, um die Aktivierung einer gegnerischen Figur zu hemmen.
37. u. 40.	♘b5–a3!! ♗e2–f1!	Unentwegt steigert Weiß die Aktivität der eigenen Figuren.

Struktur des Kampfverlaufs der sechsten Partie

Zugzahl	Zwingende Mittel	Ideengehalt
6...	c7–c5!	Hier demonstriert Schwarz die Wirkung des Kompensationsgesetzes. Dem gegner wird ein gewisser Vorteil eingeräumt, während Schwarz als Äquivalent großen Spielraum für seinen Königsläufer erhält.
9...	b7–b5!?	Ein intuitives Opfer, um den Springer von der Kontrolle des zentralen Punktes e4 abzulenken.
17...	♘f6-h5!	Zwingt den Gegner zu einer Schwächung des Flügels.
18...	♗g7–d4!	Verstärkt den Druck, erfordert aber eine gewisse psychologische Überwindung, sich vom starken Königsläufer zu trennen.
23...	♘h5–f6!	Laut dem Prinzip gespielt – keine Gelegenheit ist auszulassen, um eine Figur günstiger und aktiver zu postieren.
29...	♕e7–h4!	Schwarz hat den schwächsten Punkt im gegnerischen Lager entdeckt. Es ist schon eine große Kunst, das Einbruchsfeld aus der Ferne zu erspähen!

Struktur des Kampfverlaufs der siebenten Partie

Zug-zahl	Zwingende Mittel	Ideengehalt
7.	e4–e5	Das Überschreiten der Demarkationslinie bedeutet für den Gegner Raumverlust.
13.	f4–f5!	Es gilt, die f-Linie für den Turm zu öffnen.
17.	♗c1–a3	Das Abzugsschach ist mit Figurengewinn verbunden.
19.	♛c4–b3!	Obwohl der Plan für die zukünftigen Handlungen offensichtlich ist, muß man die konkreten Varianten immer erst herausfinden.
21.	d4:e5+?	Die Schablone gewinnt bei Weiß die Oberhand. Er will den schwarzen König an die „frische Luft" setzen.

NACHSÄTZE

Kaum zu glauben, liebe Schachfreunde, aber nun sind Sie bereits am Ende Ihres Intensivkurses mit Alexander Koblenz angelangt. Sie werden mir sicher zustimmen, daß die zwölf zurückliegenden Trainingsstunden über „die Kunst der richtigen Analyse" alles andere als trocken gewesen sind. Das ist freilich das Verdienst Ihres Trainers, der von sich gern behauptet, die Wahl zwischen einer Karriere als Operntenor oder „Schach lebenslänglich" gehabt zu haben. Für die Schachwelt war es natürlich ein Glücksfall, daß der Schachbazillus stärker gewesen ist und sich Alex für das königliche Spiel entschied, wohlwissend, worauf er sich damit einlassen würde ...

Alexander Koblenz wurde einer der berühmtesten Trainer, von dem es wohl zu Recht heißt, daß er schon zu Lebzeiten Legende ist. So führte er den leider viel zu früh verstorbenen Rigaer Schachzauberer Michail Tal, den er mehr als drei Jahrzehnte betreute, 1960 zum Weltmeistertitel.

Ich lernte Alexander Koblenz übrigens im Frühjahr 1986 kennen – da war der am 3. September 1916 in Riga geborene Schachästhet fast 70. Er lud mich damals zu einem Gespräch in den sagenumwobenen Zentralen Schachklub der Sowjets auf dem Moskauer Gogoljewski-Boulevard ein, um mir über seinen Rigaer Kinderschachklub „Daugava" zu berichten. Als er ihn seinerzeit gründete, glaubte niemand so recht an dieses Projekt, man belächelte ihn eher gutmütig als Don Quichotte des 20. Jahrhunderts. Ach, würde es doch mehr solche Don Quichottes nicht nur in der Schachwelt geben!

In diesem spannenden Gespräch spürte ich von Anfang an, daß ich einem Schachpädagogen und liebenswerten Menschen begegnet war, den neben Herzensgüte und ständiger Hilfsbereitschaft vor allem die seltene Fähigkeit auszeichnet, ganz in seine ihm anvertrauten Schüler aufzugehen. Weder Alex, der selbstlose Romantiker, noch ich ahnten an jenem Apriltag, daß wir Jahre später im Sportverlag gemeinsam drei Bücher herausgeben würden, und was uns beiden noch viel wichtiger ist, heute wahre Freunde sind.

Sein Credo als Trainer hat Koblenz, für den seine Schüler bezeichnenderweise „Schutzbefohlene" sind, einmal wie folgt formuliert:

„Meiner Meinung nach muß im ‚hohen Schach' dem jungen Spieler ein Trainer zur Seite stehen, der sich seinem Schützling mit Leib und Seele verschrieben hat. Es ist nicht nur der gute Rat, der kritische Blick (von der Seite gesehen), sondern das Gefühl, daß er einen wahren Freund sein eigen nennen darf, wirkt auf den Schachspieler beruhigend, fördert die Selbstsicherheit. Der Trainer muß allerdings auch ein guter Psychologe sein – besonders nach schweren Niederlagen seines Schutzbefohlenen. Erleichtert wird ihm seine Aufgabe durch eine gediegene Schachschule und eine kluge Turnier- und Wettkampftaktik, die die Anpassungsfähigkeit des Schachspielers fördern und ihm helfen, Schwierigkeiten und Rückschläge in Kauf zu nehmen."

Ich denke, daß der Autor Koblenz diesen Ansprüchen nach „Schach positionell" und „Schach spielend leicht kombinieren" auch in seinem Ihnen nun vorliegenden dritten Trainings-Buch vollauf gerecht wird. Nicht zuletzt, weil auch dieser Band von seiner menschlichen Wärme und hingebungsvollen Liebe zum Schach sowie auch von der bis ins Alter bewahrten Naivität eines großen Kindes erfüllt ist.

„Aufrichtig gesprochen" – das ist für Alex nicht eine schnell dahingeworfene Redefloskel.

Aufrichtig gesprochen wünsche ich Ihnen, liebe Leser, daß diese Trainingsstunden mit Koblenz nicht nur zu einem erhofften Zuwachs Ihrer Spielstärke führen, sondern ebenso etwas von der Begeisterung, Leidenschaft, ja Besessenheit eines einmaligen Menschen vermitteln, in dem der Funke nach wie vor glüht, möglichst vielen die Schönheit des Schachspiels zu offenbaren …

Ich bin ganz sicher: Bei diesen Gedanken wird auch meinem Freund Alexander Koblenz, den beim schreiben jeder Zeile immer das Gefühl begleitet hat, sich offenherzig und freundschaftlich mit Ihnen zu unterhalten, warm und froh ums Herz werden!

Berlin, im Juli 1993   **Raymund Stolze**

AUTORENVERZEICHNIS

(Die Nummer in der Klammer steht für das jeweilige Diagramm einer Studie bzw. Partienstellung)